# Bürgerliches Wissen – Nationalsozialistische Herrschaft

AF126517

Mathias Aljoscha Winde

# Bürgerliches Wissen – Nationalsozialistische Herrschaft

## Sprache in Goebbels' Zeitung
### *Das Reich*

PETER LANG

Frankfurt am Main · Berlin · Bern · Bruxelles · New York · Oxford · Wien

Die Deutsche Bibliothek - CIP-Einheitsaufnahme

Winde, Mathias Aljoscha:

Bürgerliches Wissen – nationalsozialistische Herrschaft
Sprache in Goebbels' Zeitung "Das Reich" / Mathias Aljoscha
Winde. - Frankfurt am Main ; Berlin ; Bern ; Bruxelles ; New
York ; Oxford ; Wien : Lang, 2002
   Zugl.: Köln, Univ., Diss., 2001
   ISBN 3-631-39609-0

Die vorliegende Arbeit wurde von der
Universität zu Köln als Dissertation angenommen.

D 38
ISBN 3-631-39609-0
© Peter Lang GmbH
Europäischer Verlag der Wissenschaften
Frankfurt am Main 2002
Alle Rechte vorbehalten.

Das Werk einschließlich aller seiner Teile ist urheberrechtlich
geschützt. Jede Verwertung außerhalb der engen Grenzen des
Urheberrechtsgesetzes ist ohne Zustimmung des Verlages
unzulässig und strafbar. Das gilt insbesondere für
Vervielfältigungen, Übersetzungen, Mikroverfilmungen und die
Einspeicherung und Verarbeitung in elektronischen Systemen.

www.peterlang.de

Für Helga und Erhard Winde

Mein Dank geht an erster Stelle an meinen Doktorvater Prof. Dietz Bering. Nur durch sein beständiges fordern und fördern konnte diese Arbeit entstehen. Auch danke ich Prof. Dieter Busse, der das Projekt von Anfang an mitgetragen und mit Anregungen begleitet hat.

Für die finanzielle Unterstützung des Drucks dieser Arbeit bedanke ich mich bei der Marga und Kurt Möllgaard-Stiftung im Stifterverband für die Deutsche Wissenschaft.

Meine Eltern haben mir immer gezeigt: Fragen aufzuwerfen lohnt sich mehr als Antworten abzuholen. Ihnen ist dieses Buch gewidmet.

Mathias Aljoscha Winde

.

# Inhalt

# 1 Kontinuität von Wissen

Ländliche Kreise sollen den Gefangenen zum Besuch des Sonntagsgottesdienstes Sonntagskleider zur Verfügung gestellt haben. Ein Geistlicher soll einem Wachmann 3 RM zu dem Zwecke ausgehändigt haben, für die Gefangenen Rauchwaren zu beschaffen. [...] Das Verfahren gegen den Geistlichen wird von der Geheimen Staatspolizei weiter betrieben.[1]

In ihrem Monatsbericht für den Dezember 1939 schilderte die Regierung Unterfrankens die Einstellung und das Verhältnis der Landbevölkerung zu den polnischen Fremdarbeitern. Die Ereignisse seien Besorgnis erregend: In Erlangen rief die katholische Kirche zum Spenden von Büchern, Lebensmitteln, Geld und Kleidern für die kirchliche Fürsorge in Polen auf. Aus einem anderen Dorf wurde berichtet, die Ortsbewohner hätten die polnischen Landarbeiter zu ihrem Sonntagstanz mitgenommen und diese sogar aufgefordert, mit den deutschen Mädchen zu tanzen. Der Sicherheitsdienst der SS kam zu dem Schluss:

Übereinstimmend wird aus allen Reichsteilen, in denen polnische Kriegsgefangene oder polnische Landarbeiter eingesetzt sind, mitgeteilt, daß die einfache Bevölkerung noch nicht jene Haltung gefunden hat, die für die künftige Einstellung des deutschen Volkes zum polnischen notwendig ist.[2]

Die nationalsozialistische Rassenideologie stufte die slawischen Fremdarbeiter als „minderwertig" ein und verbot deshalb jeglichen Kontakt mit ihnen über die Arbeit hinaus. Die allgemeine Durchsetzung der strikten „Rassentrennung" scheiterte aber, weil es der Geheimen Staatspolizei nicht gelang, „die deutsche Bevölkerung zu einer nennenswerten Mitarbeit zu veranlassen."[3] In seiner Untersuchung über die Tätigkeit der Gestapo in Unterfranken begründet Gellately

---

1    Gellately, Robert 1993. *Die Gestapo und die deutsche Gesellschaft. Die Durchsetzung der Rassenpolitik 1933-1945*, Paderborn, 255.
2    Ebenda.
3    Ebenda, 245.

ihr „Versagen" auch mit den tief verwurzelten Einstellungen, mit den mentalen Strukturen der Bauern: Sie sahen in den Polen in erster Linie den Katholiken und Landarbeiter und nicht den Untermenschen. Der Rassenideologie stand hier der Katholizismus entgegen. Die „Polenfreundlichkeit" basierte auf den gemeinsamen religiösen Überzeugungen, die quer zu den nationalsozialistischen Zielen lagen. Die Durchsetzung rassischer Politik wurde von mentalen Prädispositionen in der deutschen Bevölkerung behindert.

In diesem Fall gerieten die vorhandenen Weltanschauungen der Deutschen in offenen Konflikt zum Nationalsozialismus, doch dies war die geschichtliche Ausnahme. Deshalb gilt es zu fragen, mit welchen Prozessen ein *Einverständnis* zwischen altem und neuem Wissen hergestellt wurde, ein Einverständnis, welches den Faschismus erst möglich machte. Die vorliegende Arbeit geht von der These aus, dass bestimmte Bevölkerungsgruppen der deutschen Gesellschaft – abseits der nationalsozialistischen Ideologie – spezifisches weltanschauliches Wissen verinnerlicht hatten, das abgerufen werden konnte, um ihre Einstellungen gegenüber der diktatorischen Herrschaft sowie ihren Handlungen und Zielen positiv zu beeinflussen oder zumindest in ihrer Indifferenz zu konservieren.

Einen solchen Forschungsansatz für die Aufarbeitung des Themenkomplexes Sprache und Faschismus hat zum ersten Mal Ehlich entworfen. Er weist in einer kritischen Übersicht über die bisherige Beschäftigung mit dem Verhältnis von Sprache und nationalsozialistischer Macht auf die erheblichen Forschungsdefizite hin und empfiehlt sowohl eine neue Methodik als auch einen neuen Untersuchungsgegenstand.[4] Seine Vorschläge zielen darauf, germanistische Sprachgeschichte und Kulturgeschichte zu verbinden. Die Folie hierfür liefern die Ansätze der Mentalitätsgeschichte, der Diskursgeschichte und der Geschichte des kulturellen Gedächtnisses.[5]

---

4    Ehlich, Konrad 1998. „..., LTI, LQI, ...". Von der Unschuld der Sprache und der Schuld der Sprechenden, in: Heidrun Kämper/Hartmut Schmidt (Hrsg.), *Das 20. Jahrhundert. Sprachgeschichte – Zeitgeschichte*, Berlin/New York, S. 275-303.
5    Vgl. zur pragmatischen Sprachgeschichtsschreibung: Cherubim, Dieter 1998. Sprachgeschichte im Zeichen der linguistischen Pragmatik, in: Werner Besch u. a. (Hrsg.), *Sprachgeschichte. Ein Handbuch zur Geschichte der deutschen Sprache und ihrer Erforschung*, 2. Auflage, 1. Band, Berlin/New York, S. 538-551; Koselleck, Reinhart 1978. Begriffsgeschichte und Sozialgeschichte, in: ders. (Hrsg.), *Historische Semantik und Begriffsgeschichte*, Stuttgart, S. 19-36; Busse, Dietrich/Teubert, Wolfgang 1994. Ist Diskurs ein sprachwissenschaftliches Objekt? Zur Methodenfrage der historischen Semantik, in: Dietrich Busse/Wolfgang Teubert/Fritz Hermanns (Hrsg.), *Begriffsgeschichte und Diskursgeschichte. Methodenfragen und Forschungsergebnisse der historischen Semantik*, Opladen, S. 10-28; Hermanns, Fritz 1995. Sprachgeschichte als Mentalitätsgeschichte. Überlegungen zu Sinn und Form und Gegenstand historischer Semantik, in: Andreas Gardt, Klaus J. Mattheier, Oskar Reichmann

## 1.1 Erkenntnisinteresse und Methodik

Die Untersuchungen zum Thema Sprache und Faschismus sind eingebettet in eine größere Diskussion zur Bedeutung der Sprache im politischen Raum allgemein. Diese Diskussion wurde stark beeinflusst von der nationalsozialistischen Erfahrung und den Lehren, die man daraus für die demokratische politische Diskussion ziehen müsste. Sie erhielt darüber hinaus Impulse aus der von Lasswell im angloamerikanischen Raum angestoßenen Debatte über „symbolische Politik".[6]

Auf die Rhetorik von Goebbels und Hitler verweisend kreiste sowohl die wissenschaftliche als auch die öffentliche Diskussion in erster Linie um das manipulatorische Potenzial von politischer Sprache. Einen Höhepunkt erreichte die Diskussion in den siebziger Jahren mit der „konservativen Sprachkritik", die den Regierungsverlust der Christdemokraten mit der despotischen, die Wirklichkeit verfälschenden Sprache der Linken zu erklären suchte.[7] „Begriffe besetzen" schlug deshalb der damalige CDU-Generalsekretär Biedenkopf seiner Partei als Strategie gegen den politischen Gegner vor.[8]

Hinter dieser Aufforderung verbirgt sich die Auffassung, dass mit politischen Schlagwörtern Raster für Wahrnehmung und Interpretation politisch-sozialer Sachverhalte in einer komplexen, vorwiegend nur indirekt erfahrbaren Welt geschaffen werden. Politische Begriffe werden damit fast ausschließlich als Faktoren sprachpolitischer Bewusstseinsbildung und Verhaltenssteuerung angesehen und dementsprechend gehandhabt.

Doch die politischen Sprachpraktiker übersehen nur allzu leicht die zweite Eigenschaft von politischen Begriffen: Neben ihrer Funktion als eigenständiger Faktor im politischen Prozess sind sie eben auch passiver Indikator für gesellschaftliche und politische wie für historische Veränderungen.[9] Die Erkenntnis über die Aussagekraft von zentralen Begriffen über die geschichtliche Entwicklung einerseits und die aktuelle politische Debatte andererseits wurde von der

---

(Hrsg.), *Sprachgeschichte des Neuhochdeutschen. Gegenstände, Methoden, Theorien*, Tübingen, S. 69-102.

6 Vgl. Lasswell, Harold D. 1968. *Language of Politics*, Cambridge; Edelman, Murray 1976. *Politik als Ritual. Die symbolische Funktion staatlicher Institutionen und politischen Handelns*, Frankfurt am Main/New York.

7 Vgl. Kaltenbrunner, Gerd-Klaus (Hrsg.) 1975. *Sprache und Herrschaft. Die umfunktionierten Wörter*, München.

8 Vgl. Liedtke, Frank e.a. (Hrsg.) 1991. *Begriffe besetzen. Strategien des Sprachgebrauchs in der Politik*, Opladen; Klein, Josef (Hrsg.) 1989. *Politische Semantik. Bedeutungsanalytische und sprachkritische Beiträge zur politischen Sprachverwendung*, Opladen.

9 Vgl. Koselleck, Reinhart 1989. *Vergangene Zukunft*, Frankfurt am Main, 347-348.

Forschung 1979/1980 in zwei zentralen Publikationen aufgegriffen, welche die „Geschichtlichen Grundbegriffe"[10] und die „Politischen Begriffe im Meinungsstreit"[11] zum Gegenstand hatten.

Die nunmehr von der Forschung identifizierte Indikatoreigenschaft zeigte die Grenzen für die Manipulation politischer Sprache auf. Politische Schlagwörter müssen so beschaffen sein, dass sie es erlauben, die gesellschaftlichen Erfahrungen zu beschreiben und die gesellschaftspolitischen Erwartungen zu bestimmen. Sie können nur erfolgreich sein und von den Angesprochenen angenommen werden, wenn sie zu den Wahrnehmungsprämissen der Adressaten passen. Habermas bemerkt dahingehend: „Ich habe nie verstanden, wie man im Ernst glauben kann, dass sich politisch-theoretische Grundbegriffe langfristig anders als dadurch verändern, dass sie komplexe Argumentationen aufsaugen, dass sich in ihnen Innovationen und Lernprozesse niederschlagen. Der objektive Geist lässt sich schwerlich über sprachpolitische Werbeagenturen auf links oder rechts trimmen."[12]

Wenn die konkrete Wirklichkeitswahrnehmung der Sprache eines politisch Handelnden widerspricht, ist die darauf aufbauende Kommunikation zum Scheitern verurteilt. Politische Begriffe können nur dann Erfolg haben, „wenn sie mit den konkreten Erfahrungen gesellschaftlich lebender Subjekte so vermittelbar sind, dass sich mit ihnen ‚soziale Wirklichkeit aneignen' lässt."[13] Mit diesen Erkenntnissen rückt das Medium *Sprache* und die Möglichkeiten seiner Manipulation aus dem Mittelpunkt des Forschungsinteresses und der Blick richtet sich auf den Adressaten mit seinen gesellschaftlichen Erfahrungen und mentalen Prädispositionen. Welche Voraussetzungen müssen bei den Empfängern von politischen Parolen vorliegen, damit sie ihre Wirkung entfalten können?

Die neue Stoßrichtung der Diskussion um das Verhältnis von Sprache und Politik ist insbesondere für die Untersuchung des Machtinstruments Sprache im Faschismus bedeutend. Ehlich stellt ein doppeltes Defizit bei der bisherigen Analyse von nationalsozialistischer Sprache fest, ein Defizit das Objekt betref-

---

10 Brunner, Otto/Conze, Werner/Koselleck, Reinhart 1972. *Geschichtliche Grundbegriffe. Historisches Lexikon zur politisch-sozialen Sprache in Deutschland*, Stuttgart.
11 Greiffenhagen, Martin (Hrsg.) 1980. *Kampf um Wörter. Politische Begriffe im Meinungsstreit*, München/Wien.
12 Habermas, Jürgen (Hrsg.), 1979. *Stichworte zur „Geistigen Situation der Zeit"*, Bd. 1, Frankfurt am Main, 7.
13 Kopperschmidt, Josef 1991. Soll man um Worte streiten? Historische und systematische Anmerkungen zur politischen Sprache, in: Frank Liedtke e.a. (Hrsg.), *Begriffe besetzen. Strategien des Sprachgebrauchs in der Politik*, Opladen, 82-83.

fend und eines in der Methodik.[14] Als Untersuchungsobjekt fungierte zumeist der „eigenständige Sprachgebrauch der NSDAP seit 1920"[15] (Sprache *des* Faschismus) – die spezifische Sondersprache des Nationalsozialismus – und nicht allgemeiner die sprachlichen Handlungen in Deutschland zwischen 1933 und 1945 (Sprache *im* Faschismus). Als Defizit in der Methode kennzeichnet Ehlich die Konzentration auf die Analyse der Trias Lexikon, Grammatik, Stilistik einerseits und der rhetorischen Sprachmanipulation andererseits.

Ehlich geht bei seinem Neuansatz davon aus, dass „der Faschismus im Kampf um die Massen viele ideologische Beiträge und Beiträger brauchte, um für möglichst viele gesellschaftliche Bedürfnisse attraktiv zu sein"; Angehörige der unterschiedlichsten Gruppen mussten für den Nationalsozialismus geworben werden. Kennzeichnend für den Faschismus ist deshalb „eine Nicht-Festgelegtheit auf einzelne Elemente", eine „ideologische Diversifikation" oder häufiger noch ein „ideologischer Opportunismus". Dieses Phänomen der ideologischen Struktur des Nationalsozialismus, die Verschmelzung heterogener ideologischer Konstrukte, wird von Ehlich mit der Bezeichnung „ideologische Amalgamierung" beschrieben.[16]

Gerade sie konnte jedoch durch Studien zur rhetorischen Manipulation im Sprachgebrauch der NSDAP nur ungenügend erfasst werden. Diese Untersuchungen verstellten den Blick auf die Notwendigkeit einer Analyse, die Sprache im Nationalsozialismus nicht als revolutionären, bösartigen Fremdkörper begreift, sondern als einen evolutionären, als einen genetischen Prozess, eine Analyse, welche die in Wörter abgelagerten Mentalitäten auch in ihrer Relevanz für gesellschaftliches Handeln sichtbar macht. Die Entstehungs- und Wirkungsgeschichte ausgewählter politischer Symbole darzustellen, wie es bisher etwa für das Nibelungenlied[17] und den Hermann-Mythos[18] geleistet wurde, zeigt die anvisierte Stoßrichtung an, greift vor diesem Hintergrund jedoch zu kurz. Die Konsequenz aus den Beobachtungen Ehlichs besteht in einer Erweiterung der Methodik durch die Entwicklung „komplexerer Konzepte von Wissensstrukturen".

---

14 Vgl. Ehlich 1998, 279.
15 Polenz, Peter von 1999. *Deutsche Sprachgeschichte vom Spätmittelalter bis zur Gegenwart. 19. und 20. Jahrhundert*, 3. Band, Berlin/New York, 547.
16 Ehlich, Konrad 1989. Über den Faschismus sprechen – Analyse und Diskurs, in: ders. (Hrsg.), *Sprache im Faschismus*, Frankfurt am Main, 16-17.
17 Heinzle, Joachim/Waldschmidt, Anneliese (Hrsg.) 1991. *Die Nibelungen – Ein deutscher Wahn, ein deutscher Alptraum. Studien und Dokumente zur Rezeption des Nibelungenstoffs im 19. und 20. Jahrhundert*, Frankfurt am Main.
18 Dörner, Andreas 1996. *Politischer Mythos und symbolische Politik. Der Hermannmythos: zur Entstehung des Nationalbewußtseins der Deutschen*, Reinbek.

Erst dadurch kann die Frage beantwortet werden: „Was sind die Voraussetzungen in den mentalen Strukturen derjenigen, die nicht nur willige Vollstrecker waren, sondern die sich von den Versprechungen so viel versprachen, dass sie ihre Kenntnis elementarer ethischer Erfordernisse außer Kraft setzten?"[19]

Ausgehend von der prinzipiellen Einheit von Tätigkeit und Bewusstsein muss jegliches Handeln von kognitiven Prozessen begleitet sein. Der (sprachlich) Handelnde „geht schon mit bestimmten Erwartungshaltungen an das Tätigsein heran, aktiviert bestimmte Kenntnisse und Erfahrungen bei der Motivation und der Herausbildung von Zielen, in allen Phasen der Vorbereitung der Texterzeugung, bei der eigentlichen Umsetzung des inneren Programms in Sprachzeichen und vor allem auch beim Textverstehen."[20] Deshalb bedarf es der Rekonstruktion genau derjenigen Begriffs- und Denkzusammenhänge, derjenigen Einstellungen und Werte, die für ein dann zu analysierendes sprachliches Objekt zur Zeit des Faschismus bedeutsam wurden. Auf dieser Basis lässt die Untersuchung von Sprache im Nationalsozialismus Rückschlüsse auf die Haltungen und Handlungen von bestimmten, durch ihre Werte und ihr Weltwissen determinierten Gruppen zu. Die relevanten Konstitutionen und die Konstitutionsbedingungen von Wissen sind aus den selektierten Personengruppen und den entsprechenden sprachlichen Objekten abzuleiten. Sie müssen so ausgewählt und zielgerichtet angeordnet werden, dass sie für die Frage nach der Praxis und dem Zweck sprachlichen Handelns vor der spezifischen historischen Bedingung des Nationalsozialismus Erklärungskraft entwickeln können.

Die französische „analyse du discours" ist nach Ehlich der Ansatz, welcher der geforderten „rekonstruktiven Kritik des sprachlichen Handelns" am weitesten entspricht – allerdings tendiere sie dazu, dem gesellschaftlichen Hintergrund des Diskurses nicht die ihm gebührende Aufmerksamkeit zu schenken.[21] Diesen Zusammenhang zwischen einer durch ihr Weltwissen verbundenen Gruppe und dem sprachlichen Handeln im Nationalsozialismus gilt es jedoch zu untersuchen. Dieser Arbeit liegt daher der von Ehlich bevorzugte Begriff *Wissenssystem* zugrunde, welcher – da vorwiegend kognitiv geprägt – durch eine Definition von Linke erweitert und festgelegt werden soll: „Es sind die gemeinsamen ‚kulturellen Wertvorstellungen, Bildungsinhalte und Überzeugungen', die ‚gemeinsamen Lebens- und Verhaltensformen' sowie die typische Wahl sinnstiftender

---

19 Ehlich 1998, 293.
20 Heinemann, Wolfgang/Viehweger, Dieter 1991. *Textlinguistik*, Tübingen, 66-67.
21 Ehlich 1998, 290.

18

Horizonte und die Ausformung spezifischer Gefühlswelten.“[22] Der Begriff *Mentalität*, der auf den Einzelnen ausgerichtet ist, bezieht sich stärker auf die *affektiven* Dispositionen der Gesellschaft: Mentalität „verweist auf den Schritt, durch den *kollektive* Momente im einzelnen Menschen wirksam werden“[23]. Der Begriff *Wissenssystem* zielt in Abgrenzung zu Mentalität vorrangig, aber eben nicht ausschließlich, auf die kognitiven Dispositionen der Deutschen. Der Schwerpunkt dieser Arbeit liegt auf dem verinnerlichten Weltwissen einer Gesellschaft, ihren Bildungsinhalten, Überzeugungen, Werten und Denkstrukturen, während die Lebens- und Verhaltensformen sowie die Gefühlswelten der Menschen – bedingt auch durch das Untersuchungsobjekt – nur am Rande der Untersuchung Beachtung finden.[24]

Ist es nun gelungen, ein solches Wissenssystem des „Zweiten Reiches“[25] zu rekonstruieren, einen solchen Denkzusammenhang einer bestimmten Bevölkerungsgruppe vor 1933 festzuhalten, so kann seine Entwicklung während des Dritten Reiches nachvollzogen werden.[26] Wie wurde mit dem vorhandenen Wissen im Faschismus verfahren? Wurde es gebrochen oder kann eine Kontinuität in den Anschauungen festgestellt werden? Wo kam es zu Konflikten mit der nationalsozialistischen Ideologie und wo ließ sich das Wissenssystem problemlos eingliedern? Wie wurde auf Konfrontationen reagiert? Kurz: Welche Beschaffenheit besitzen die Mikrostrukturen der „ideologischen Amalgamierung“? Die Transformationen von angeeignetem Wissen und verinnerlichten Werten sollen durch Detailbeobachtungen sprachlicher Strategien nachvollzogen werden. Dieser von Ehlich skizzierte Weg der Aufgabenstellung, des Untersuchungsobjekts und der Methodik soll in dieser Untersuchung zum ersten Mal gegangen werden.

---

22 Linke, Angelika 1996. *Sprachkultur und Bürgertum. Zur Mentalitätsgeschichte des 19. Jahrhunderts*, Stuttgart/Weimar, 23.
23 Ebenda, 26.
24 Da über Anzahl und Beschaffenheit von Wissenssystemen in der Forschung noch keine abschließenden Ergebnisse erzielt wurden, soll in dieser Arbeit nicht zwischen enzyklopädischem Wissen, Wertwissen, sprachlichem Wissen etc. unterschieden werden. Vgl. zur mentalen Organisation von Kenntnissystemen: Heinemann/Viehweger 1991, 68.
25 Ehlich 1998, 275. Das Wissenssystem *Sprache* erhielt seine wesentliche Prägung während des Kaiserreichs, doch soll die Entwicklung der Muttersprachideologie vorher und nachher gleichgewichtig mit in die Untersuchung einfließen. Der Begriff *Zweites Reich* soll in dieser Untersuchung weniger auf eine bestimmte Zeitspanne als auf eine Kontinuität von Anschauungen über das Jahr 1933 hinweg in das *Dritte Reich* verweisen.
26 Ebenda, 294.

## 1.2 Untersuchungsgegenstand

Welches ist nun die geeignete ideologische Konstruktion, welches die geeignete gesellschaftliche Gruppe, welches der geeignete Ort sprachlichen Handelns, um diese Untersuchung durchzuführen? Ausgehend vom Konzept der „ideologischen Amalgamierung" bedarf es hierfür erstens eines Wissenssystems des Zweiten Reiches, das nicht nur Massenwirkung und Massenbedeutung entfalten konnte, sondern das auch eng mit einer durch gemeinsame Werte und Haltungen determinierten Gruppe verbunden war, und es bedarf zweitens eines Untersuchungsobjekts, das eine Schnittstelle zwischen den nationalsozialistischen Herrschern und eben dieser gesellschaftlichen Gruppe bildete.

Als Denkzusammenhang wurden für diese Arbeit die „Ansichten über Sprache und Sprachwandel"[27], die *sprachideologischen Grundeinstellungen* der Deutschen gewählt, die in der Untersuchung mit dem Ausdruck „Wissenssystem *Sprache*" bezeichnet werden. Dieses Wissenssystem hatte seinen Ursprung im 18. Jahrhundert, wurde zu einer beherrschenden Überzeugung im 19. Jahrhundert und verlor in der ersten Hälfte des 20. Jahrhunderts an Einfluss. Als Untersuchungsgegenstand bietet es vor allem zwei Vorteile: Erstens diente das Wissenssystem dazu, mit einem im Grunde unpolitischen Thema politische Ziele einzufordern. Die unpolitische Natur dieser Anschauungen wird ihre Übernahme als traditionelle Werte im Dritten Reich begünstigen, aber wird sie nicht auch deren Modifikation im nationalsozialistischen Sinn notwendig machen? Zweitens und wichtiger noch ist seine Entwicklung eng mit dem Aufstieg einer bestimmten gesellschaftlichen Schicht verbunden, mit dem Aufstieg des Bürgertums, und gewinnt damit Aussagekraft über Denken und Handeln einer spezifischen Bevölkerungsgruppe während des Nationalsozialismus – einer Gruppe zumal, gegen die sich die Nationalsozialisten in ihrer Propaganda geradezu beschwörend wendeten.

Die Arbeit geht von der Voraussetzung aus, dass beim deutschen Bürgertum ein relativ einheitliches, ideologisch geprägtes Wissen über Sprache vorliegt, welches aus der besonderen Bedeutung von Sprache für die deutsche nationalstaatliche Entwicklung im 19. Jahrhundert und deren Absicherung während des Kaiserreichs zu verstehen ist. Dieser Ansatz wirft die Frage auf, inwieweit in der Mitte des 20. Jahrhunderts noch von einer bürgerlichen Schicht ausgegangen werden kann. Und wenn ja, wie tief verwurzelt war jenes Wissenssystem *Spra-*

---

27 Polenz, Peter von 1991. *Deutsche Sprachgeschichte vom Spätmittelalter bis zur Gegenwart. Einführung – Grundbegriffe – Deutsch in frühbürgerlicher Zeit*, 1. Band, Berlin/New York, 12.

*che* in dieser Gruppe, welche Handlungsrelevanz, welche Massenwirksamkeit besaß es noch im Dritten Reich?

Zum ersten Punkt ist festzustellen, dass die Auflösung klarer Schichtgrenzen, die so genannte *Entkonturierung* des Bürgertums, im zweiten Drittel des 20. Jahrhunderts schon weitgehend abgeschlossen war. Es lassen sich nicht *die* typischen kognitiven Dispositionen des durchschnittlichen Bürgers in der Zeit des Nationalsozialismus ermitteln – zu heterogen stellt sich diese weit aufgefächerte soziale Gruppe dar. Doch gerade dies muss kein Nachteil für die anvisierte Untersuchung darstellen, war das Bürgertum doch auch im 19. Jahrhundert schon ein äußerst verschiedenartiger, nach Einkommen oder Berufen nur schwer zu bestimmender Teil der Gesellschaft. Dieser Umstand macht den gewählten Ansatz griffiger, da das Bürgertum von Beginn an als eine Wertegemeinschaft von Individuen mit divergierendem sozialen Hintergrund definiert werden kann. Diese fühlten sich primär durch ein bestimmtes Weltwissen verbunden, von dem das Wissenssystem *Sprache* ein Teilelement war. *Bürgerlich* verweist also nicht auf die wirtschaftliche Position einer gesellschaftlichen Gruppe, sondern auf ihre mentalen Strukturen. Die Frage nach der Präsenz und der Handlungsrelevanz der Sprachideologie soll an dieser Stelle nur mit einem Verweis auf die unvermindert anhaltenden Aktivitäten des Sprachvereins, der 1935 seinen „Höhepunkt äußerer Machtentfaltung"[28] erreichte, beantwortet werden, denn gerade der Beleuchtung dieses Aspekts dient die Rekonstruktion des Wissenssystems *Sprache*, der erste Schritt der Untersuchung.

Welches ist nun der geeignete Ort, um die Herstellung jenes Einverständnisses der Anschauungen mittels des bürgerlichen Wissenssystems *Sprache* zu beleuchten? Durch die gewisse Schichtspezifität des Wissenssystems kann der Ort des Aufeinandertreffens der unterschiedlichen Wissenshorizonte nunmehr leichter eingezirkelt werden. Eine Schnittstelle zwischen bürgerlichen und nationalsozialistischen Weltanschauungen lässt sich mühelos ausmachen: Ins Blickfeld rückt zunächst die bürgerliche Presse der Weimarer Republik, die im Dritten Reich weiter publizieren konnte, also das „Berliner Tageblatt", die „Frankfurter Zeitung" und die „Deutsche Allgemeine Zeitung". Eine Untersuchung dieser Zeitungen würde genau zur Einschätzung von Ehlich passen, der „die Veränderlichkeit der faschistischen Ideologie jenseits ihrer Zentralbereiche vor allem bestimmt von der jeweiligen Phase der tatsächlichen politischen Durchsetzung der Partei und ihrer Hilfsorganisationen" sieht. Dies werde vor allem in den „Absto-

---

28 Simon, Gerd 1989. Sprachpflege im „Dritten Reich", in: Konrad Ehlich (Hrsg.), *Sprache im Faschismus*, Frankfurt am Main, 60.

ßungen" sichtbar, also den Ideologemen, die besonders „nach 1933 konsequent fallen gelassen wurden."[29] Ein Teil dieses Abstoßungsprozesses war die Einstellung der bürgerlichen Presse der Weimarer Republik.

Andererseits erscheint eine Untersuchung dieser Zeitungen allein auf Grund der Tatsache, dass sie auch nach dem Januar 1933 für eine kurze, absehbare Zeit fortbestehen durften, nicht vollkommen überzeugend, da sie als Schnittstellen nicht weit genug zur nationalsozialistischen Herrschaft hin geöffnet sind. Dass in die weiterhin geduldeten bürgerlichen Zeitungen bürgerliches Wissen und bürgerliche Werte durch die weiterhin für sie schreibenden bürgerlichen Journalisten eingeflossen sind, dies kann nicht überraschen. Aus diesem Grunde wurden sie ja auch letztlich eingestellt.

Wie sieht dies jedoch bei einer Zeitung aus, die erst ab 1940 erschienen ist, die vom Presseverwaltungsamt konzipiert und die von Reichspropagandaminister Goebbels protegiert und gefördert wurde? Die Wochenzeitung „Das Reich" hatte seine Wurzeln nicht in vornationalsozialistischer Zeit, sondern war ein Produkt des Reichsleiters für die Presse der NSDAP. Sie wurde gegründet mit dem Ziel, die bürgerliche Schicht für das nationalsozialistische Regime zu gewinnen. Für die Analyse der Herstellung eines Einverständnisses zwischen nationalsozialistischem und bürgerlichem Wissen scheint kein anderes Organ so gut geeignet zu sein wie jene Zeitung, für die einerseits der Propagandaminister Goebbels und andererseits ein bürgerlicher Journalistenkreis die Artikel schrieben. Diese Schnittstelle mit großer Nähe zur Reichsführung verspricht interessantere Ergebnisse zu bieten als die weiterhin geduldete bürgerliche Presse der Weimarer Republik, da sie Rückschlüsse auf die gezielte Ansprache verschiedener gesellschaftlicher Zielgruppen durch die nationalsozialistische Propaganda zulässt. Wird bei diesem Organ ideologische Amalgamierung festgestellt, kann nicht mehr von noch nicht vollständig gleichgeschalteten Freiräumen während des Aufbaus des Dritten Reiches oder anfänglicher Zurückhaltung gegenüber fremdem Gedankengut gesprochen werden. Ein solcher Befund ließe auf strategisch geplanten, auf gezielten ideologischen Opportunismus als Mittel des Machterhalts auch und gerade in der Endzeit des nationalsozialistischen Regimes schließen.

Trotz der passgenauen, den Beweiszwecken besonders gut dienlichen Untersuchungsobjekte klafft zwischen ihnen und der oben skizzierten komplexen Aufgabenstellung sowie der damit zusammenhängenden methodischen Vorgehensweise eine Differenz in der Reichweite des Erklärungshorizontes. Die

---

29  Ehlich 1989, 17.

22

von Ehlich entworfenen Fragestellungen einer „gesellschaftlich aktionsfähigen Analyse"[30] durch die sprachwissenschaftliche Disziplin sind zu komplex, um in dieser Arbeit hinreichend beantwortet zu werden, und das Ergebnis wird nur ein vorläufiges sein. Als erste Arbeit dieser Methodik beschränkt sie sich darauf, Indizien zu liefern und Tendenzen aufzuzeigen. Die Wahl des Wissenssystems *Sprache* rückt andere Aspekte notwendigerweise aus dem Gesichtsfeld: Sowohl die Untersuchung eines arbeiterspezifischen Wissenssystems als auch die Untersuchung des Wissenssystems *Sprache* an einem Ort der Herstellung des Einverständnisses zwischen Arbeiterschaft und Nationalsozialismus wären wertvolle Ergänzungen dieser Arbeit. Das Ergebnis wird eine Relativierung durch die Untersuchung weiterer Wissenssysteme von verschiedenen gesellschaftlichen Gruppen benötigen.

## 1.3 Forschungsstand

Der Forschungsstand zum bürgerlichen Wissenssystem Sprache einerseits und zur nationalsozialistischen Zeitung „Das Reich" andererseits stellt sich sehr unterschiedlich dar. Über den gesamten Zeitraum hinweg ist das bürgerliche Wissenssystem *Sprache* gut erforscht. Die Sprachauffassungen von Humboldt und Herder waren häufig Gegenstand von Untersuchungen.[31] Ahlzweig beschäftigte sich vor allem mit dem Begriff der *Muttersprache* und seinen gesellschaftlichen Auswirkungen.[32] Die Wichtigkeit von *Sprache* für die Entwicklung des deutschen Bürgertums haben unter anderem Mattheier, Lepsius, Engelhardt und Rüschemeyer aufgezeigt.[33] Besonders dem bürgerlichen Sprach- und Kulturver-

---

30  Ehlich 1998, 291.

31  Vgl. Di Cesare, Donatella 1996. Wilhelm von Humboldt (1767-1835), in: Tilman Borsche (Hrsg.), *Klassiker der Sprachphilosophie. Von Platon bis Noam Chomsky*, München, S. 275-289; Gaier, Ulrich 1996. Johann Gottfried Herder (1744-1803), in: Tilman Borsche (Hrsg.), *Klassiker der Sprachphilosophie. Von Platon bis Noam Chomsky*, München, S. 215-231; Keller, Albert 1989. *Sprachphilosophie*, 2. Auflage, Freiburg/München; Heeschen, Volker 1972. *Die Sprachphilosophie Wilhelm von Humboldts*, Phil. Diss., Bochum.

32  Vgl. Ahlzweig, Claus 1989. Die deutsche Nation und ihre Muttersprache, in: Konrad Ehlich (Hrsg.), *Sprache im Faschismus*, Frankfurt am Main, S. 35-57; Ahlzweig, Claus 1994. *Muttersprache-Vaterland. Die deutsche Nation und ihre Sprache*, Opladen.

33  Vgl. Mattheier, Klaus J. 1991. Standardsprache als Sozialsymbol. Über kommunikative Folgen gesellschaftlichen Wandels, in: Rainer Wimmer (Hrsg.), *Das 19. Jahrhundert. Sprachgeschichtliche Wurzeln des heutigen Deutsch*, Berlin/New York, S. 41-73; Lepsius, M. Rainer 1987. Zur Soziologie des Bürgertums und der Bürgerlichkeit, in: Jürgen Kocka (Hrsg.), *Bürger und Bürgerlichkeit im 19. Jahrhundert*, Göttingen, S. 79-100; Engelhardt, Ulrich 1989. Das deutsche Bildungsbürgertum im Jahrhundert der Nationalsprachenbildung, in: Dieter Cherubim, Klaus J. Mattheier (Hrsg.), *Voraussetzungen und Grundlagen der Ge-*

*halten* hat sich Linke gewidmet.[34] Die Sprachauffassung während des Kaiserreichs und der Weimarer Republik lässt sich gut an Quellen verfolgen, etwa an den Veröffentlichungen, die im Umfeld des Sprachvereins entstanden sind, und an den vielen Anleitungen zu einer korrekten Sprache in diesem Zeitraum.[35] Bernsmeier hat die Entwicklung des Sprachvereins herausgearbeitet[36], während Römer und Bering den Druck dargestellt haben, unter den die Sprachanschauung durch Antisemitismus und Rassismus in dieser Zeit geriet.[37] Eine Übersicht über alle genannten Themen bietet der dritte Teil der Sprachgeschichte von Polenz.[38]

Die Rekonstruktion des Wissenssystems *Sprache* wird jedoch nicht mit dem Jahr 1933 enden. Schon vor der Untersuchung eines speziellen Textkorpus' aus der Zeit des Dritten Reiches müssen die Konfrontationen zwischen traditionellem bürgerlichem und neuem nationalsozialistischen Wissen herausgearbeitet

---

*genwartssprache. Sprach- und sozialgeschichtliche Untersuchungen zum 19. Jahrhundert*, Berlin/New York, S. 57-72; Rüschemeyer, Dietrich 1987. Bourgeoisie, Staat und Bildungsbürgertum. Idealtypische Modelle für die vergleichende Erforschung von Bürgertum und Bürgerlichkeit, in: Jürgen Kocka (Hrsg.), *Bürger und Bürgerlichkeit im 19. Jahrhundert*, Göttingen, S. 101-120.

34 Vgl. Linke, Angelika 1991. Zum Sprachgebrauch des Bürgertums im 19. Jahrhundert. Überlegungen zur kultursemiotischen Funktion des Sprachverhaltens, in: Rainer Wimmer (Hrsg.), *Das 19. Jahrhundert. Sprachgeschichtliche Wurzeln des heutigen Deutsch*, Berlin/New York, S. 250-282; Linke, Angelika 1995. Zur Rekonstruierbarkeit sprachlicher Vergangenheit. Auf der Suche nach der bürgerlichen Sprachkultur im 19. Jahrhundert, in: Andreas Gardt, Klaus J. Mattheier, Oskar Reichmann (Hrsg.), *Sprachgeschichte des Neuhochdeutschen. Gegenstände, Methoden, Theorien, Tübingen*, S. 369-398; Linke 1996; Linke, Angelika 1998. Sprache, Gesellschaft und Geschichte. Überlegungen zur symbolischen Funktion kommunikativer Praktiken der Distanz, in: *Germanistische Linguistik* 26, S. 135-154.

35 Vgl. Riegel, Hermann 1883. *Ein Hauptstück von unserer Muttersprache – Mahnruf an alle national gesinnten Deutschen*, Leipzig; Dunger, Hermann 1910. *Die Deutsche Sprachbewegung und der Allgemeine Deutsche Sprachverein 1885-1910. Festschrift zur Fünfundzwanzigjahrfeier des Allgemeinen Deutschen Sprachvereins*, Berlin; Wustmann, Gustav 1891. *Allerhand Sprachdummheiten*, Leipzig.

36 Vgl. Bernsmeier, Helmut 1977. Der Allgemeine Deutsche Sprachverein in seiner Gründungsphase, in: *Muttersprache* 87, S. 369-95; Bernsmeier, Helmut 1980. Der Allgemeine Deutsche Sprachverein in der Zeit von 1912-32, in: *Muttersprache* 90, S. 117-140; Bernsmeier, Helmut 1983. Der Deutsche Sprachverein im „Dritten Reich", in: *Muttersprache* 93, S. 31-58.

37 Vgl. Römer, Ruth 1985. *Sprachwissenschaft und Rassenideologie in Deutschland*, München; Bering, Dietz 1998. Jews and the German language. The Concept of Kulturnation and Anti-Semitic Propaganda, in: Norbert Finzsch/Dietmar Schirmer (Hrsg.), *Identity and Intolerance. Nationalism, Racism, and Xenophobia in Germany and the United States*, Cambridge, S. 251-291.

38 Vgl. von Polenz 1999.

werden. Nur wenn deutlich wird, wo generell Konflikte und Übereinstimmungen zu erwarten sind, können die Abweichungen am analysierten Objekt sichtbar werden. Über das Aufeinandertreffen von Rassenideologie und Sprachideologie im Nationalsozialismus gibt es vielfältige Literatur, die sich jedoch schwerpunktmäßig mit Institutionen, Organisationen oder der sprachwissenschaftlichen Disziplin selbst beschäftigt.[39] Deshalb wird zusätzlich, um die prinzipiellen Konfrontationen und Konvergenzen zwischen dem bürgerlichen und dem nationalsozialistischen Wissenssystem aufzuzeigen, Hitlers Buch „Mein Kampf" ausgewertet.

Auch wegen der Reichhaltigkeit der Untersuchungen kann die Rekonstruktion des bürgerlichen Wissenssystems *Sprache* keine Wiederholung der bisherigen Forschungsergebnisse sein. Allein jene Überzeugungen des Zweiten Reiches (und gegebenenfalls davor) sollen herausgeschält werden, die als Kontrastfolie für die Denkzusammenhänge im Dritten Reich notwendig sind. Dabei darf die Rekonstruktion andererseits nicht in Detailarbeit verfallen, denn für die Aufarbeitung von Wissenssystemen muss die Einordnung in den größeren geschichtlichen und vor allem in den gesellschaftlichen Zusammenhang immer im Auge behalten werden.

Dies ist also die Vorarbeit, die zunächst geleistet werden muss. Sie ordnet die für die spätere Analyse relevanten Erkenntnisse und zeigt erste Möglichkeiten der Konfrontation und der Kompatibilität auf. Danach kann das Aufeinandertreffen der Ansichten über Sprache und Sprachwandel im Detail an dem Objekt sprachlichen Handelns betrachtet werden, doch für dieses stellt sich die Forschungssituation weitaus schlechter dar.

Über die Wochenzeitung „Das Reich" gibt es nur wenige Abhandlungen unterschiedlicher Qualität. Unmittelbar nach Kriegsende wurde eine Dissertation über die Zeitung allgemein verfasst, die jedoch kaum verwertbare Erkenntnisse enthält.[40] Müller hat Mitte der sechziger Jahre eine bis heute äußerst aufschlussreiche Arbeit über „Das Reich" verfasst, eine detaillierte und immer noch zahl-

---

39 Vgl. Römer 1985; Bernsmeier 1983; Simon 1989; Török, Imre 1979. Die Gesellschaft für deutsche Sprache als Nachfolgeorganisation des Deutschen Sprachvereins und ihre gesellschaftliche Funktion vor allem während der Rekonstruktionsperiode, in: Gerd Simon (Hrsg.), *Sprachwissenschaft und politisches Engagement*, Weinheim/Basel, S. 231-272; Polenz, Peter von 1966. Sprachpurismus und Nationalsozialismus. Die ‚Fremdwort'-Frage gestern und heute, in: Benno von Wiese, Rudolf Henß (Hrsg.), *Nationalsozialismus in Germanistik und Dichtung. Dokumentation des Germanistentages in München*, Berlin, S. 79-112.
40 Vgl. Kreuzberger, Hans 1950. *Die deutsche Wochenschrift 'Das Reich'. Ein Beitrag zum Versuch der Deutung der Propagandapolitik Goebbels im Zweiten Weltkriege*, Diss. masch., Wien.

reiche Denkanstöße gebende Einführung zu einem Facsimile-Querschnitt durch „Das Reich".[41] Mit der Phänomenologie der Presse im totalitären Regime am Beispiel dieser Zeitung beschäftigte sich Martens und eine wenig erhellende Untersuchung über den Leitartikler Goebbels wurde 1967 von Kessemeier veröffentlicht.[42] Speziell zum Feuilleton – von größter Bedeutung bei der Konzeption der Zeitung und wichtigster Raum für die Diskussionen über Sprache –, geschweige denn zur Sprachauffassung selber, sind bisher keine Arbeiten erschienen.

Das Vorgehen der Untersuchung kann folgendermaßen zusammengefasst werden: Das bürgerliche Wissenssystem *Sprache* wird erstens in seinen für das Dritte Reich relevanten Teilen rekonstruiert. Es wird gezeigt, wo mögliche Schnittstellen und Gegensätze zur nationalsozialistischen Ideologie vorhanden waren (Kapitel 2.1 und 2.2). Zweitens wird das Untersuchungsobjekt „Das Reich" dargestellt. Daraufhin kann eine These aufgestellt werden, in welcher Form altes und neues Wissen in der Zeitung aufeinander trafen (Kapitel 2.3 und 2.4). Auf dieser Grundlage ist es nun drittens möglich, die Kontinuität eines traditionellen Wissenssystems in einem nationalsozialistischen Propagandablatt im Detail zu untersuchen (Kapitel 3). Die verschiedenen Formen von Kontinuität werden viertens systematisiert und charakterisiert und ein daran anschließendes Resümee wird die vorläufigen Untersuchungsergebnisse zum Verhältnis von bürgerlichem Wissen und nationalsozialistischer Herrschaft zusammenfassen (Kapitel 4). Ein Ausblick auf die Zeit nach 1945 bildet den Abschluss der Arbeit (Kapitel 5).

Die Untersuchung versucht Anhaltspunkte dafür zu finden, dass die Deutschen nicht mit Hilfe einer nationalsozialistischen Rhetorik und Sprachmanipulation zum „Mitmachen" überredet wurden. Sie will zeigen, dass bürgerliche Deutsche vom Nationalsozialismus auch überzeugt werden konnten, weil sie eine weitgehende Gleichheit der Überzeugungen und der politischen Ziele annahmen. Wie waren die Denkzusammenhänge des Bürgertums vor 1933 arrangiert, dass sie mit den nationalsozialistischen Anschauungen nicht kollidierten, sondern problemlos eingegliedert werden konnten? Die Arbeit wird untersuchen, inwieweit kognitive Prädispositionen das nationalsozialistische Regime

---

41 Vgl. Müller, Hans Dieter (Hrsg.) 1964. *Facsimile Querschnitt durch Das Reich*, München/Bern/Wien.
42 Martens, Erika 1972. *Zum Beispiel 'Das Reich'. Zur Phänomenologie der Presse im totalitären Regime*, Köln; Kessemeier, Carin 1967. *Der Leitartikler Goebbels in den NS-Organen „Der Angriff" und „Das Reich"*, Münster.

stützten. Die mentalen Strukturen derer, an die sich Hitler in seinen Reden wandte, könnten den Erfolg des Faschismus eher ermöglicht haben als seine Wortwahl. Kam es zum Nicht-Widerstand, weil das Bürgertum Denkstrukturen aufwies, welche die Logik des Faschismus nachvollziehbar machten? Wurde das schweigende Einverständnis durch die Distribution passgenauer ideologischer Elemente an die jeweilige gesellschaftliche Zielgruppe hergestellt?

# 2 Muttersprache und „Das Reich"

Die Analyse des Wissenssystems *Sprache* in der Zeitung „Das Reich" setzt eine Rekonstruktion der so genannten Muttersprachideologie auf der einen Seite und eine Charakterisierung der nationalsozialistischen Wochenzeitung auf der anderen Seite voraus. Auf dieser Basis kann eine These entwickelt werden, auf welche Art und Weise sich ein Diskussionszusammenhang des Zweiten Reichs in eine Zeitung des Dritten Reichs eingliederte.

## 2.1 Das bürgerliche Wissenssystem *Sprache*

Die Entwicklung der bürgerlichen Sprachideologie im 19. und frühen 20. Jahrhundert soll hier insoweit dargestellt werden, wie sie als Denkzusammenhang für die Untersuchung einer nationalsozialistischen Zeitung notwendig ist. Dies bedeutet, dass insbesondere die traditionsbildenden Elemente herausgestellt werden, damit sie als Kontrastfolie für die spätere Analyse dienen können. Die sprachphilosophische Position Humboldts wird auf die Teile reduziert, auf die sich die nationalen Sprachideologen später – oft auf verzerrende Weise – beriefen, denn dies ist nicht der Versuch einer (sprach-)ideengeschichtlichen Gesamtdarstellung. Trotzdem soll neben den für „Das Reich" relevanten Teilen der Sprachideologie auch der Überbau berücksichtigt werden, da ohne einen Überblick über die Entwicklung der bürgerlichen Werte und Überzeugungen zur Sprache insgesamt die Rekonstruktion des Wissenssystems keine tragende Kraft für den Analyse-Teil entwickeln kann.

Der geschichtliche Bogen spannt sich von den Sprachphilosophen Herder und Humboldt, die den theoretischen Ausgangspunkt bilden, über das Sprachverständnis des Bürgertums im nationalstaatlichen Kampf bis hin zur chauvinistisch-nationalistischen und schließlich auch rassisch gefärbten Sprachideologie während der wilhelminischen Epoche und der Weimarer Republik. Den Abschluss bildet eine Betrachtung der nationalsozialistischen Sprachauffassung.

Bei der Aufarbeitung dieses Ausschnitts der deutschen Sprach-, Geistes- und Gesellschaftsgeschichte sind die Grenzen zwischen wissenschaftlichen, populärwissenschaftlichen und politisch-ideologischen Anschauungen fließend. Die „sprachideologischen Haltungen" – von Polenz hat sie für die Einführung in seine Sprachgeschichte exemplarisch herausgearbeitet – „überschneiden sich vielfach miteinander und sind mehr oder weniger durch politische oder bildungsbedingte Prädispositionen verfestigt"[43]. Im Fortgang der Rekonstruktion werden sich jedoch zwei Konfliktlinien zwischen bürgerlichem und nationalsozialistischem Sprachkonzept immer deutlicher herauskristallisieren: Im sprachpraktischen Bereich konfligiert das bürgerliche Sprachideal mit der propagandistischen Nutzung von Sprache im Nationalsozialismus und in der Sprachtheorie stößt die Sprachideologie auf die Rassenideologie. Im Hinblick auf die spätere Analyse verdienen diese potentiellen Konfliktfelder besondere Aufmerksamkeit.

## 2.1.1 Die sprachphilosophische Ausgangsbasis

> Auf höchster Verständnisstufe führt Sprache in philosophischer Wertung unmittelbar zum Kern der geistig-kulturellen Existenz eines Volkes. Sprache ist sozusagen ein ‚genetischer Fingerabdruck' der unverwechselbaren kulturellen Identität.[44]

Diese Äußerung stammt aus einem Bericht der Bundesregierung über „Die Stellung der deutschen Sprache in der Welt" vom Oktober 1993. Lässt man den modernen Terminus „genetischer Fingerabdruck" einmal außer Acht, so könnte diese Ansicht ebenso gut 150 Jahre früher vertreten worden sein. Das Zitat zeigt, dass das Konzept *Muttersprache* bis heute lebendig ist, allerdings in einer Traditionslinie, die auf die liberale Sprachphilosophie Humboldts zurückgeht. In dieser Form ist sie weder chauvinistisch-nationalistisch noch rassistisch. Es stellt sich die Frage, ob dieses liberale Wissenssystem in der nationalsozialistischen Zeit gebrochen wurde oder ob es sich trotz der vorherrschenden Rassenideologie weiter behaupten konnte, sodass von einer Kontinuität des Wissenssystems *Sprache* bis weit in die Bundesrepublik hinein gesprochen werden kann. Wie gestalteten sich die Anfänge der Muttersprachideologie im 19. Jahrhundert?

Neben Humboldt war vor allem Herder einer der wichtigsten Wegbereiter für die Ideologisierung von Sprache. In seiner „Abhandlung über den Ursprung der

---

43 Von Polenz 1991, 12.
44 Bericht der Bundesregierung über die *Stellung der deutschen Sprache in der Welt* vom 1. Oktober 1993, zit. nach Coulmas, Florian 1995. Muttersprache – auf Gedeih und Verderb? In: *Merkur* 49, 121.

Sprache" von 1772 wandte er sich gegen die Auffassung, Sprache sei dem Menschen von Gott gegeben. Vielmehr habe der Mensch selber sich die Sprache geschaffen und die Sprachtätigkeit *in der Gemeinschaft* führe zu sprachlichem, aber auch zu kulturellem Fortschritt. Kulturschöpfungen seien an eine Sprachgemeinschaft gebunden.[45] Aus diesen Überlegungen heraus kritisierte Herder öffentlich die „Gallomanie" des Adels und tadelte die Geringschätzung der eigenen Sprache durch die Deutschen.[46]

Humboldt, der Romantikern wie Novalis, den Brüdern Schlegel und Schleiermacher nahe stand, griff Herders Gedanken auf und führte sie weiter. Sprache sah Humboldt nicht als bloßes Verständigungsmittel, sondern als einen „Abdruck des Geistes und der Weltansicht des Redenden." Menschliches Bewusstsein und menschliche Sprache sind für ihn untrennbar, denn „die Sprache ist das bildende Organ des Gedankens."[47] Sie ist universal, als eine allen Menschen gemeinsame Fähigkeit, die aber zur Realisierung eine Individualisierung erfahren musste: Die *Einzel*sprache ist die historische Bedingung des Denkens. Humboldt konstatiert, dass Denken „nicht bloss abhängig von der Sprache überhaupt, sondern, bis auf einen gewissen Grad, auch von jeder einzelnen bestimmten"[48] ist. Dies führt ihn zu der Schlussfolgerung, dass die Verschiedenheit der Sprachen sich nicht als eine Verschiedenheit „von Schällen und Zeichen" darstellt, „sondern eine Verschiedenheit der Weltansichten selbst."[49] Obwohl Humboldt die Individualisierung der Sprache durchaus bis hin zu den Dialekten und zum Individuum selber verfolgte, sah er einen besonders engen Zusammenhang zwischen einem Volk und seiner Sprache:

> Die Geisteseigenthümlichkeit und die Sprachgestaltung eines Volkes stehen in solcher Innigkeit der Verschmelzung in einander, daß, wenn die eine gegeben wäre, die andre müsste vollständig aus ihr abgeleitet werden können. [...] Die Sprache ist gleichsam die äusserliche Erscheinung des Geistes der Völker; ihre Sprache ist ihr Geist und ihr Geist ihre Sprache, man kann sich beide nie identisch genug denken.[50]

---

45 Vgl. Prechtl, Peter 1999. *Sprachphilosophie*, Stuttgart, 50-51.
46 Vgl. Coulmas, Florian 1985. *Sprache und Staat. Studien zur Sprachplanung und Sprachpolitik*, Berlin/New York, 41-42.
47 Vgl. Kutschera, Franz von 1993. *Sprachphilosophie*, 2. Auflage, München, 289.
48 Zit. nach Di Cesare 1996, 282.
49 Humboldt, Wilhelm von 1985. *Über die Sprache. Ausgewählte Schriften*, München, 23.
50 Zit. nach Heeschen 1972, 88.

Daraus folgt: „Aus jeder Sprache läßt sich auf den Nationalcharakter zurückschließen."[51]

Die Einzelsprache verstand er jedoch nicht einfach als das fertige Produkt des „Geistes einer Nation"[52], sondern als permanent „schaffende Naturkraft."[53] Der „Organismus Sprache" – ein Begriff, den Humboldt sowohl auf die Einzelsprachen als auch auf die Sprachfähigkeit der Menschheit anwendet – wirke fort: „It keeps (national) spirit and interpretation of the world in a state of equilibrium."[54] Die Sprachen seien jedoch nicht gleichwertig, sie begleiteten „in aufsteigender Linie die geistige Entwicklung des Menschengeschlechts."[55] In der Rangfolge der lebendigen Sprachen stufte Humboldt die indogermanisch-flektierenden Sprachen am höchsten ein, Altgriechisch sei jedoch die Sprache, die der Vollendung am nächsten komme.

Humboldts Ausführungen über die Nationalsprachen sind vor dem Hintergrund zu sehen, dass die Verschiedenheit der Sprachen für ihn immer „eine Verschiedenheit innerhalb der *Einheit*"[56] ist. Dadurch, dass sich die „Charakter- und Geistesverschiedenheit" unterschiedlicher Völkerstämme und Nationen, schließlich der ganzen Menschheit „mischt, läutert und umgestaltet, wird die Sprache der grosse Übergangspunkt von der Subjectivität zur Objectivität, von der immer beschränkten Individualität zu Alles zugleich in sich befassendem Daseyn."[57] Die Ergründung der Nationalsprache betrachtet er deshalb auch nicht als „letzten Zweck aller Sprachuntersuchung": „Die Summe des Erkennbaren liegt, als das von dem menschlichen Geiste zu bearbeitende Feld, zwischen allen Sprachen, und unabhängig von ihnen, in der Mitte."[58]

Humboldts universalistische Sprachphilosophie hatte ihre Wurzeln in weltbürgerlichem Gedankengut und war deshalb für das nationale Anliegen zunächst nur schwer instrumentalisierbar. Doch zwei Postulate boten Ansatzpunkte für eine deutsch-nationale Interpretation Humboldts: erstens die Hochwertigkeit der indogermanisch-flektierenden Sprachen, (um-)interpretiert als Höherwertigkeit

---

51 Vgl. Kutschera 1993, 293.
52 Vgl. Römer, Ruth 1991. Die nationalpolitische Bedeutung der Germanistik im 19. Jahrhundert: Der Indogermanenmythos als Triebkraft des deutschen Nationalismus, in: Rainer Wimmer (Hrsg.), *Das 19. Jahrhundert. Sprachgeschichtliche Wurzeln des heutigen Deutsch*, Berlin/New York, 292.
53 Vgl. Heeschen 1972, 85.
54 Bering 1998, 259.
55 Römer 1991, 292.
56 Di Cesare 1996, 282; vgl. auch Keller 1989, 21.
57 Humboldt 1985, 21.
58 Ebenda, 23.

des Deutschen, und zweitens die Annahme eines Nationalgeistes, welcher die (höherwertige) deutsche Sprache geschaffen hatte, weiterhin auf sie einwirkte (wobei die Sprache diesen Geist wiederum selber beeinflusste) und der über die Sprache seine eigene Höherwertigkeit bewies.[59]

## 2.1.2 Die Genese des Bürgertums

Die Durchsetzungskraft, welche die Sprachideologie in der Nachfolge von Philosophen wie Herder und Humboldt im 19. Jahrhundert entfalten sollte, beruhte auf der Tatsache, dass sie an den historischen Aufstieg der bürgerlichen Schicht gekoppelt war. Schon bei der Genese des Bürgertums im 18. Jahrhundert kamen neuen sprachlichen Kommunikationsprozessen eine Schlüsselrolle zu. Lesegesellschaften und -kabinette wurden gegründet, um das Lesen, Vorlesen und „Raisonnieren" zu pflegen, sodass Literatur nun zum ersten Mal einer breiteren Masse zugänglich war.[60] „Aus heterogenen Berufsgruppen und Herkunftswelten"[61] entstand jenseits von religiösen, ständischen und staatlichen Traditionen erst durch die Gemeinsamkeit der Sprache das deutsche Bürgertum.[62] „War Sprache zunächst ein Mittel zur Konstitution und dann auch zur Binnenhaftung dieser gesellschaftlichen Gruppe, so wurde sie in den ersten beiden Dritteln des 19. Jahrhunderts auch zu einem Instrument transformiert, mit dem das große *politische* Ziel des Bürgertums einzuklagen war. Dieses Ziel bestand in der Schaffung eines deutschen Nationalstaates."[63] Durch diese Kombination, dadurch, dass das Bürgertum sich selbst und seine Ziele über die Sprache definierte, entwickelte sich die Muttersprachideologie zu einer der bedeutendsten weltanschaulichen Triebkräfte im 19. Jahrhundert.

Bei ihrer Formierung zu überregionalen Einheiten standen die bürgerlichen Gruppierungen vor zwei grundsätzlichen Problemen. Zum einen war es zunächst wichtig, ihre politische und soziale Fragmentierung zu überwinden und eine

---

59 Vgl. Römer 1991, 292.
60 Vgl. Polenz, Peter von 1994. *Deutsche Sprachgeschichte vom Spätmittelalter bis zur Gegenwart. 17. und 18. Jahrhundert*, 2. Band, Berlin/New York, 33-34.
61 Giesen, Bernhard/Junge, Kay 1991. Vom Patriotismus zum Nationalismus. Zur Evolution der „Deutschen Kulturnation", in: Bernhard Giesen (Hrsg.), *Nationale und kulturelle Identität. Studien zur Entwicklung des kollektiven Bewußtseins der Neuzeit*, Frankfurt am Main, 267-268.
62 Vgl. zur Parallelentwicklung von Bürgertum und Sprachideologie im 18. Jahrhundert besonders: Eibl, Karl 1985. Sprachkultur im 18. Jahrhundert. Über die Erzeugung von Gesellschaft durch Literatur, in: Rainer Wimmer (Hrsg.), *Sprachkultur*, Düsseldorf, S. 108-124.
63 Engelhardt 1989, 68.

eigene Identität zu entwickeln, und zum anderen mussten sie sich von der herrschenden Klasse absetzen und ihren eigenen Herrschaftsanspruch begründen.[64] Das Bürgertum war eine überaus heterogene Schicht; zu ihm zählten städtisches Handwerk und Handel, Kapitalrentner und die freien Berufe, aber auch die Inhaber so genannter öffentlicher Ämter, wie Pfarrer, Professoren, Verwaltungsbeamte, Rechtskundige und Lehrer.[65] Diese Schicht, die prinzipiell all jene umschloss, die nicht zum Adel, hohen Klerus, zur Arbeiter- oder Bauernschaft gehörten, lässt sich besser als durch eine berufliche Verortung beschreiben durch ihre gemeinsamen Wertorientierungen, durch ein „Konglomerat ideeller, geistiger und psychischer Dispositionen, sowie Verhaltensweisen und Gepflogenheiten."[66] Im Zentrum dieser Werthaltungen standen die beiden im Gegensatz zu den ‚adligen Tugenden' (Geburt und Boden) entwickelten ‚bürgerlichen Tugenden' Besitz und Bildung. Die ältere, adlige „Körper und Bewegungskultur"[67] wurde durch eine neue bürgerliche Sprachkultur ersetzt. Der Standardsprache, die sich etwa zur selben Zeit wie das Bürgertum formierte, kam eine Schlüsselfunktion zu.[68]

Bis ins 19. Jahrhundert hinein waren der höfisch-gebildete, der diplomatische, der kirchliche und der rechtliche Sprachverkehr durch das Lateinische und das Französische bestimmt.[69] Dagegen setzten die bürgerlichen Schichten ihre Idee einer einheitlichen, normierten deutschen Verkehrssprache, die im Allgemeinen nach den zwei Kategorien *Vernunft* und *Verständlichkeit* bewertet wurde.[70] Mit ihr konnte sich das Bürgertum sowohl von Adel und Klerus als auch von Bauern und Arbeitern distanzieren, denn im Zuge der Aufwertung der Standardsprache wurden die regionalen Umgangssprachen zu einem Merkmal niedrigerer sozialer Zugehörigkeit abgewertet und das Französische als Sprache des Nationalfeinds diskreditiert.[71] Verbale Umgangsformen als Ausdruck der

---

64 Vgl. Gessinger, Joachim 1980. *Sprache und Bürgertum. Zur Sozialgeschichte sprachlicher Verkehrsformen im Deutschland des 18. Jahrhunderts*, Stuttgart, 94.
65 Vgl. zum Problemkomplex der Definition von „Bürgertum" beziehungsweise „Bürgerlichkeit": Lepsius 1987, 79; Mattheier 1991, 46; Linke 1991, 251; Kaschuba, Wolfgang 1988. Deutsche Bürgerlichkeit nach 1800. Kultur als symbolische Praxis, in: Jürgen Kocka (Hrsg.), *Bürgertum im 19. Jahrhundert. Deutschland im europäischen Vergleich*, 3. Bd., München, 19.
66 Linke 1991, 251.
67 Ebenda, 266.
68 Vgl. Mattheier 1991, 44.
69 Vgl. Reichmann, Oskar 1978. Deutsche Nationalsprache. Eine kritische Darstellung, in: *Germanistische Linguistik* 2-5, 406.
70 Vgl. Gessinger 1980, 146.
71 Vgl. Linke 1998, 147; sowie Ahlzweig 1994, 140.

*Sprachfähigkeit* gerieten zum sozialen Unterscheidungsmerkmal, obwohl es größtenteils noch keine anerkannten Sprachregelungen gab. Vollständig festigten sich die sprachlichen Normen erst im Laufe des 19. Jahrhunderts. Sprachtheoretiker des 18. Jahrhunderts wie Johann Christoph Gottsched hatten aber bereits früh den Boden bereitet und sprachliche Leitvorstellungen – „eine gewisse eklektische, oder ausgesuchte und auserlesene Art zu reden"[72] – entwickelt. Das Fehlen eines Sprachstandards wurde zunächst kompensiert durch ein daran angelehntes, unbestimmtes Sprachideal, das sich in Prädikaten wie *geschmackvoll, anständig, angemessen, verfeinert* ausdrückte und anhand dessen die Sprecher bewertet wurden.[73]

Der Kritik waren auch und vor allem Sprecher ausgesetzt, die ein großes Maß an Fremdwörtern benutzten. Sprachpflegerische Bewegungen hatten ihren Ursprung im 16. und 17. Jahrhundert[74], zielten jedoch zunächst auf die Herausbildung einer (besonders literarisch aufgefassten) deutschen Hochsprache. Sprachreinheit umfasste ursprünglich nicht nur, wie später im 19. Jahrhundert, den Wortschatz. Leibniz bezog sie in der frühaufklärerischen Phase auch auf Grammatik und Stil.[75] Einen wichtigen Bestandteil aller sprachpflegerischen Arbeit bildete das Fremdwort jedoch von Anfang an. Schon Lessing wollte unerwünschte Gallizismen (allerdings „in bescheidenem Maße") durch alte und veraltete Ausdrücke sowie durch mundartliche Wendungen ersetzen. Klopstock entwarf sehr strikte Fremdwortregeln: „Widerartige" Fremdwörter nannte er Ausdrücke, die aus dem Lateinischen und dessen Tochtersprachen stammten, „nicht widerartige" entsprangen nah verwandten Sprachen, etwa den deutschen Mundarten und dem Altdeutschen.[76]

Die Hauptmotivation für die vorgeschlagenen Eindeutschungen war jedoch häufig die allgemeine Verständlichkeit von Sprache in einem egalitären Sinn und nicht die Abwehr des Fremden überhaupt, sodass „eingebürgerte Fremdwörter" und „treffende" Ausdrücke zumeist nicht durch deutsche Ausdrücke ersetzt werden sollten. Campe verstand seine deutschen Wortschöpfungen zum Beispiel

---

72 Zit. nach Kirkness, Alan 1975. *Zur Sprachreinigung im Deutschen 1789-1871. Eine historische Dokumentation*, 2 Bde, Tübingen, 57.
73 Vgl. Gessinger 1980, 5 und 93. Von Polenz bezeichnet diese Einstellung als „sprachmonomane Haltung", vgl. von Polenz 1991, 14.
74 Vgl. Kirkness, Alan 1998. Das Phänomen des Purismus in der Geschichte des Deutschen, in: Werner Besch u. a. (Hrsg.), *Sprachgeschichte. Ein Handbuch zur Geschichte der deutschen Sprache und ihrer Erforschung*, 2. Auflage, 1. Band, Berlin/New York, 407.
75 Vgl. Kirkness 1975, 49 und 411-412.
76 Vgl. ebenda, 53 und 55.

als „einen Beitrag zur Aufklärung, zur Emanzipation und Beförderung freierer Gesellschaftsformen."[77]

Die Verwendung deutscher anstatt ‚fremder' Wörter, die Annahme eines bestimmten Sprachgestus', als dessen Bewacher sich das Bürgertum fühlte, und die Verwendung bestimmter verbaler Formen bildeten das Herzstück gesellschaftlicher Distinktions- und Ausschlusskriterien, mit denen sich das Bürgertum als eigenständig etablieren wollte. Sie wurden gezielt genutzt, um eine bestimmte geistige Haltung und die Stellung im sozialen Umfeld anzuzeigen. „Durch die Sprache allein verräth [..] sich [..] ein gebildeter Mann"[78] – mit solchen Feststellungen betonten Anstandsbücher im 19. Jahrhundert die Bedeutung der sprachlichen Umgangsformen für die Einordnung des Individuums in die Gesellschaft.

### 2.1.3 Die Sprache als politisches Instrument

Die allgemeine Anerkennung von spezifisch sprachlichen Ausdrucksweisen und Umgangsformen als Sozialsymbol vollzog sich als Teil eines Prozesses, der als „Entkonturierung des Bürgertums" bezeichnet wird.[79] Diese Entwicklung, die erst im 20. Jahrhundert zum Abschluss kam, war gekennzeichnet durch die allmähliche Übernahme der Ideologeme, Wertorientierungen und Verhaltensweisen des Bildungsbürgertums zunächst durch die beiden anderen bürgerlichen Gruppierungen, das Besitz- und das Kleinbürgertum, und danach sukzessive auch durch den Adel, die Arbeiter- und schließlich die Bauernschaft. Die Durchsetzung der bürgerlichen Bildungs- und Sprachkultur in Deutschland war das unpolitische Mittel zu einem politischen Zweck: „Bildungsbürgerliche Sprach- und Literaturkultur diente als Promotor der nationalstaatlichen Zielsetzung mit dem ihr zugedachten Effekt eines kulturellen und sozialen Integrativs."[80]

Der deutsche Staatenpluralismus widersprach in schwerwiegender Weise den ökonomischen, aber auch den sicherheitspolitischen Bedürfnissen des Besitzbürgertums, das deshalb über die sprachliche Einheit, beziehungsweise die „na-

---

77 Schiewe, Jürgen, 1998. *Die Macht der Sprache. Eine Geschichte der Sprachkritik von der Antike bis zur Gegenwart*, München, 154. Vgl. zur Sprachreinigungsbewegung im 18. und beginnenden 19. Jahrhundert insbesondere von Polenz 1999, 266-268 und Kirkness 1975, 414-417.

78 Zit. nach Mattheier 1991, 41.

79 Vgl. ebenda, 49.

80 Engelhardt 1989, 68.

tionale Bildungseinheit"[81], die staatliche Einheit erreichen wollte. Die Formierung einer spezifisch deutschen Identität sollte durch die deutsche Nationalsprache erzielt werden. Die integrative Kraft der Sprache wurde in zahlreichen Liedern und Gedichten beschworen, so zum Beispiel in Körners *Jägerlied*: „Doch Brüder sind wir allzusamm'; [...] uns knüpft der Sprache heilig Band."[82] In der Nachfolge von Jahn, Kolbe und Arndt setzt sich die „Denkfigur ‚Muttersprache – Sprache *aller* Deutschen – Sprache der Mutter – Naturgesetzlichkeit der Zugehörigkeit zu dieser Nation' im Sprachbewußtsein des deutsch-nationalen Bürgertums des 19. und 20. Jahrhunderts durch."[83]

Grimm formulierte auf der Frankfurter Germanistenversammlung des Jahres 1846:

> Lassen Sie mich mit der einfachen Frage anheben: Was ist ein Volk? Und ebenso einfach antworten: ein Volk ist der Inbegriff von Menschen, welche dieselbe Sprache reden. Das ist für uns Deutsche die unschuldigste und zugleich stolzeste Erklärung.[84]

Humboldts Verbindung von Sprache und Nationalgeist, herausgelöst aus seinen weiteren Überlegungen, lieferte eine mit großer Autorität ausgestattete Argumentationsgrundlage. Die Konstruktion eines ‚Nationalwesens', das durch Deutschheit gekennzeichnet ist und durch die deutsche Sprache seine auffälligste Konkretisierung erfährt, verankerte sich tief im öffentlichen Bewusstsein. ‚Das Wesen des Deutschen' war naturgemäß nicht auf einen der Teilstaaten beschränkt, es vereinte alle deutschen Staaten, reichte sogar noch weiter, nämlich überall dahin, wo deutsch gesprochen wurde.

Den nationalen Forderungen des Bürgertums musste sich unter dem Druck der Revolution im März 1848 der preußische König Friedrich Wilhelm IV. stellen. Es ist bezeichnend, dass der Monarch unter diesen Umständen das Konzept der Sprachnation anerkannte. In der „Rede an sein Volk", die der Revolution durch Entgegenkommen die Schlagkraft nehmen sollte, proklamierte er die

---

81  Engelhardt 1989, 66.
82  Zit. nach Barbour, Stephen 1993. ‚Uns knüpft der Sprache heilig Band.' Reflection on the Role of Language in German Nationalism, Past and Present, in: John L. Flood u. a., *‚Das unsichtbare Band der Sprache.' Studies in German Language and Linguistic History in Memory of Leslie Seiffert*, Stuttgart, 327-328.
83  Ahlzweig 1994, 142-143.
84  Zit. nach Stevenson, Patrick 1993. The German Language and the Construction of National Identities, in: John L. Flood u. a., *‚Das unsichtbare Band der Sprache.' Studies in German Language and Linguistic History in Memory of Leslie Seiffert*, Stuttgart, 340.

„Heiligkeit und Unverletzlichkeit des Gebietes deutscher *Zunge.*"[85] Die Revolution scheiterte jedoch und das Deutsche Reich wurde gut 20 Jahre später unter Ausschluss der deutschsprachigen Österreicher von oben erschaffen. Das Bürgertum hatte zwar die kulturelle Führungsrolle übernommen und die deutsche Identität gestärkt, aber durch die Betonung der Kulturnation die politische Machtverlagerung nicht erreicht.

An diesem Punkt beginnen sich bereits die ersten Fragen für die Untersuchung der Zeitung „Das Reich" abzuzeichnen: An welchen Stellen konnte das Konzept der Sprachnation Hitlers Expansionspolitik stützen und an welchen nicht? Welche Bevölkerungsteile wurden nach dem Konzept des Sprachvolks als Deutsche aufgefasst und welche nach der Rassenideologie?

### 2.1.4 Die deutsch-nationale Sprachideologie im Kaiserreich

Um die Jahrhundertmitte hatte sich ein Sprachbewusstsein herausgebildet, welches die Sprache eines Individuums als Orientierung für seine Verortung innerhalb der Gesellschaft, seine Einstellungen und seine charakterlichen Eigenschaften nutzte. Das Individuum teilt die Sprache mit den anderen Angehörigen der Sprachgemeinschaft, die zusammen ein Volk bilden. Da die Sprache mit dem Geist der Nation verschmolzen ist, wird die Sprache zum Ausschlusskriterium für die Volkszugehörigkeit. Das sprachlich geeinte Volk sollte in einem Nationalstaat organisiert sein, der neben den anderen Ländern eine gleichberechtigte Stellung einnimmt.

Dieses im Kern humanistische und liberale Wissenssystem wurde im letzten Drittel des 19. Jahrhunderts neu akzentuiert. Die beiden mit der Sprachideologie verbundenen Hauptziele waren, wenn auch nicht vollständig im Sinne des Bürgertums, so doch im nationalen Sinne erreicht. Mit der fortschreitenden Entkonturierung des Bürgertums und der Durchsetzung standardsprachlicher Normen war die Distinktionsfunktion eingeschränkt, und mit der Reichsgründung wurde Sprache als Instrument zur Überwindung des Staatenpluralismus hinfällig. Trotzdem nahm die Bedeutung der Sprache in der öffentlichen Diskussion weiter zu. Das resultierte aus einer neuen politischen und gesellschaftlichen Einordnung des Bürgertums, auf die es auch mit einer Veränderung des Wissenssystems *Sprache* reagierte.

---

85 Zit. nach Görtemaker, Manfred 1983. *Deutschland im 19. Jahrhundert. Entwicklungslinien*, Bonn, 92 (Hervorhebung M.A.W.). Friedrich Wilhelm IV zitiert hier das Vaterlandslied Ernst Moritz Arndts „So weit die deutsche Zunge klingt".

Zwei Aspekte sind hier insbesondere zu nennen:

1) Das Bürgertum entwickelte sich nach der Reichsgründung zu einer staatstragenden Kraft. Die Einordnung in den endlich erreichten Nationalstaat, also in eine größere, höherwertige Entität (als ‚Deutscher‘) hob das bürgerliche Selbstwertgefühl. Obwohl das monarchisch-preußische Reich nicht den liberalen, bürgerlichen Ideen entsprach, wurde es von einem Großteil des Bürgertums begeistert unterstützt. Die „politische Aktivierung des Nationalgefühls"[86] im Krieg gegen Frankreich verstärkte diese Identifizierung mit dem Staat auf chauvinistische Weise. Die Nation wurde nicht mehr nur von innen gestützt, sondern auch in scharfer Abgrenzung nach außen. Die Sprache hatte jetzt nicht mehr die Funktion, die politische Ordnung Deutschlands zu überwinden, sondern sie sollte sie im Gegenteil konsolidieren. Die Sprache entwickelte sich von einem gruppenspezifischen „Sozialsymbol" zum „dringend erwünschten ‚Nationalsymbol‘ des Bismarckreiches."[87]

2) Das Bürgertum stellte zu diesem Zeitpunkt nicht mehr die starke, aufstrebende Schicht dar. Weite Teile fühlten sich durch verschiedene Entwicklungen in der Nachfolge der „Deutschen Doppelrevolution" (Hochindustrialisierung, Mobilisierung der Arbeiterschaft, Kulturkampf) verunsichert. Sprache wurde deshalb für viele Bürgerliche zu einem weltanschaulichen Zufluchtspunkt. Verbale Umgangsformen waren nunmehr kein gesellschaftlicher Gegenentwurf gegen die herrschenden Schichten. Sie wurden ein Mittel, um sich selber seines Wertes zu vergewissern und um die erreichte soziale Stellung zu verteidigen. Die Pflege traditioneller sprachlicher Umgangsformen diente vor allem der Stärkung des eigenen Selbstvertrauens. Soweit dafür noch die Möglichkeiten vorhanden waren, wurden sprachliche Formen auch zur Abgrenzung gegen eine andere Schicht genutzt, und zwar gegen die niedrigere, ‚minderwertige‘ Arbeiterschaft. Die Sprache hatte jetzt nicht mehr die Funktion, die Zersplitterung der bürgerlichen Schicht zu überwinden, sondern sie sollte die erreichte gesellschaftliche Stellung in einer zunehmend unsicher gewordenen Umwelt konsolidieren.

Mit einem Wort: Die Sprachideologie diente nicht mehr dem Angriff, sondern der Abwehr.[88] Das Bürgertum reagierte auf die neue Situation mit einer Verschärfung der Sprachideologie. Eine chauvinistisch geprägte Einstellung zur

---

86 Von Polenz 1966, 80.
87 Von Polenz 1999, 59. Vgl. hierzu Mattheier 1991, 49-51.
88 Vgl. Dann, Otto 1993. *Nation und Nationalismus in Deutschland 1770-1990*, München, 189.

Sprache gewann die Oberhand. Die egalitären, aufklärerischen und weltbürgerlichen Elemente wurden weiter in den Hintergrund gedrängt, etwa Humboldts Einordnung der deutschen Sprache in eine Reihe mit den anderen Nationalsprachen. Stattdessen rückte der Dualismus „Überhöhung der eigenen Sprache" – gleichwohl dargestellt als „Gleichberechtigung" mit dem Französischen – und „Ablehnung der fremden Sprachen" in den Mittelpunkt. So sollte die Absicherung der persönlichen wie der nationalen Position auf sprachlicher Ebene gestützt werden.

Die Basis hierfür bildete das Postulat des engen Verhältnisses zwischen *Sprache* und dem sich dadurch ausdrückenden *Wesen*. Dieses wurde erstens auf das Individuum bezogen: Der sprachliche Ausdruck einer Einzelperson entspricht danach seiner Gesinnung. Der Zwang zu (im nationalen Sinne) richtigen verbalen Umgangsformen führte zu einer wachsenden Beschäftigung mit Sprache, die vor allem in dem Studieren von Anstandsbüchern und Sprachführern seinen Niederschlag fand.[89] Denn nun hing nicht mehr ‚nur' die gesellschaftliche Stellung, sondern auch die richtige, nationalpolitische *Ein*stellung vom sprachlichen Ausdruck ab. Nicht mehr der Mensch schuf und veränderte die Sprache, sondern die Sprache bestimmte den Menschen. Sprache wurde nunmehr als Ding gedacht, war reifiziert worden. Dass die gesamte Sprachgemeinschaft die Sprache dauernd reformulierte und zugleich änderte, war als Gedanke verschwunden.

Zweitens wurde die Verbindung von *Sprache* und *Wesen* auf die Nation als Ganzes bezogen: Die deutsche Sprache zeige den Zustand des deutschen Volkes an. Dieses Verhältnis hatte schon Ernst Moritz Arndt beschworen:

> Ich sagte eben, die Sprache sey der Spiegel und das Bild eines Volkes, der äußere Ausdruck seines innersten Lebens, seine Geschichte, seine Neigungen, seine Anlagen, seine Weltansicht, und seine Liebe und sein Haß – kurz, alles in allem sey darin ausgedrückt.[90]

Wird von einem solch engen Verhältnis zwischen Sprache und Nation ausgegangen, so kann, ja beinahe muss der eigene Patriotismus auch auf die Sprache übertragen werden. So erfährt die Muttersprache eine fast religiöse Verehrung. Vorläufer hierfür lassen sich bereits Anfang des Jahrhunderts in der Lyrik der Befreiungskriege finden:

---

89  Vgl. Linke 1996, 34-41.
90  Zit. nach Schiewe 1998, 156.

> Sprache unser!
> Die wir dich sprechen in Gnaden, dunkle Geliebte!
> Die wir dich schweigen in Ehrfurcht, heilige Mutter![91]

Doch Verehrung allein ist nicht genug: Wenn dem Nationalgeist bestimmte Eigenschaften wie Klarheit, Ursprünglichkeit, Reichtum zugeschrieben werden, dann müssen sich diese Eigenschaften auch in der Sprache widerspiegeln. Um ein solches, die deutschen Tugenden reflektierendes Sprachideal solle sich jeder bemühen, denn das wirke wiederum auf das Nationalwesen zurück. Je reicher die deutsche Sprache, desto reicher sei auch der Geist der Nation, argumentieren die bürgerlichen Sprachliebhaber, je kraftvoller die Sprache, desto kraftvoller das Volk.

Von der Auffassung getragen, dass sich die Geschichte, die Neigungen und die Weltansicht eines Volkes in seiner Sprache ausdrücken, wird die historisch-politische Entwicklung auf die Sprache übertragen. Die Geschichte wird als ein Verfallsprozess gedeutet, der sich in der Sprache niedergeschlagen hat.[92] Nach einer ursprünglichen Hochphase sei die Kraft der deutschen Sprache/Nation erlahmt, sodass sie begann, fremde Wörter in ihren Wortschatz zu integrieren. Zunehmend geriet die deutsche Sprache/Nation unter französischen Einfluss und nahm jetzt Wörter völlig unverändert auf. Die Abschüttelung der Dominanz Frankreichs musste deshalb nach dem deutschen Sieg im Felde auch den deutschen Sieg in der Sprache nach sich ziehen.

Die Fremdwortpuristen wollten mit der Abwehr des sprachlich Fremden zugleich ein ihnen weit wichtigeres Ziel erreichen: die Abwehr des Fremden überhaupt. Durch die Auffassung gestützt, Lautzeichen sei ihre Bedeutung inhärent, sollte die Reinigung des Lautes auch die Reinigung des fremden Inhalts bringen.[93] Die von einem fremden Nationalwesen produzierten Wörter passten nicht zu der das deutsche Nationalwesen ausdrückenden deutschen Sprache.

Zum Inbegriff der verschärften Sprachideologie im deutschen Reich wurde der 1885 gegründete „Allgemeine deutsche Sprachverein" (ADSV). Die Zielsetzung des Vereins weist alle Elemente der nationalistischen Sprachauffassung auf, wie sie für das Ende des 19. Jahrhunderts und das erste Drittel des 20. Jahrhunderts Gültigkeit haben sollte. Sie ist für die Interpretation der Zeitung „Das Reich" besonders wichtig und soll hier, auch weil sie noch keine ideologischen Mischungen enthält, ausführlich zitiert werden:

---

91 Zit. nach Ahlzweig 1994, 148.
92 Nach von Polenz die „sprachkonservative Haltung". Vgl. von Polenz 1991, 12.
93 Vgl. Kirkness 1998, 412.

Der „allgemeine deutsche Sprachverein" ist ins Leben getreten, um

1) die Reinigung der deutschen Sprache von *unnöthigen fremden Bestandteilen* zu fördern, –
2) die Erhaltung und Wiederherstellung des *echten Geistes und eigenthümlichen Wesens* der deutschen Sprache zu pflegen – und
3) auf diese Weise das *allgemeine nationale Bewußtsein* im deutschen Volke zu kräftigen. (§ 1 der Satzungen).

Er will das sprachliche Gewissen im Volke schärfen und wecken, damit wir dahin gelangen möchten, daß jeder Deutsche, im berechtigten Stolze auf seine Muttersprache, eine Ehre darein setze, deutsch zu reden und zu schreiben, – deutsch, möglichst rein und möglichst gut. [...] Unsere Sprache ist zu Anfang dieses Jahrhunderts [...], als unser nationales Dasein völlig in Frage stand und die Fremden unsern Boden grausam überfluteten, das letzte Band gewesen, was uns noch zusammenhielt [...]. Wie das Übel gekommen und wie das Elend gewachsen, das lehrt die Geschichte genau. Es ist der Begleiter und das sprachliche Widerspiel unseres nationalen Verfalles gewesen.

[...] Sollte nun aber nicht endlich mit dem Aufschwunge der Nation auch das Sprachgewissen wieder lebendiger werden, und die Sprache ihrerseits diesen Aufschwung durch Rückkehr zu ihrem wahren Wesen und echten Geiste widerspiegeln?[94]

Der Sprachverein be- und verurteilte Wörter ausschließlich nach ihrer Herkunft. Eduard Engel, einer der radikalsten und polemischsten Sprachpuristen, erklärte, dass es lediglich 200 unentbehrliche Wörter römischen Ursprungs gibt, „die von dem berechtigten allgemeinen Verdammungsurteil über die Welscherei *nicht* betroffen werden."[95] Er will sogar eingebürgerte Ausdrücke oder gebräuchliche Fachwörter verdeutschen, zum Beispiel *Musik, Natur, Religion* sowie *Libretto* und *macchiavellistisch*.[96]

Der Sprachverein erfuhr großen Zuspruch in der Bevölkerung, er konnte seine Mitgliederstärke beständig steigern und die Anzahl der Ortsvereine bis 1919 vergrößern. Auch bei seinen beiden Vereinszielen war der ADSV schnell erfolgreich. Viele der Verdeutschungen, die im Kreis des Sprachvereins entstanden, sind heute noch üblich (zum Beispiel *Bücherei, wiederholen, Versuch*), und die Arbeit im Verein stärkte die deutsch-nationale Gesinnung von Mitgliedern und Freunden des Vereins.[97]

---

94 Riegel, Herman 1886. Der allgemeine deutsche Sprachverein, in: *Zeitschrift des allgemeinen deutschen Sprachvereins* 1, Sp. 1-4.
95 Engel, Eduard 1917. *Sprich Deutsch! Zum Hilfsdienst am Vaterland*, Leipzig, 237.
96 Engel, Eduard 1918. *Entwelschung. Verdeutschungswörterbuch*, Leipzig, 25, 310, 314.
97 Vgl. von Polenz 1999, 271-273.

Die chauvinistische Einstellung des Sprachvereins wurde besonders während des Ersten Weltkriegs deutlich, der von dem Vereinsvorsitzenden begeistert begrüßt wurde: „Eine so günstige Zeit, die vaterländischen Bestrebungen des Deutschen Sprachvereins zu Schutz und Stärkung des Deutschtums in den weitesten Kreisen unseres Volkes *wirksam in die Tat umzusetzen*, kehrt nie wieder."[98] Der Krieg wurde interpretiert als eine Aggression Frankreichs, Englands und Russlands, die das deutsche Wesen, den deutschen Geist vernichten wollten. Gerade deshalb sollte der deutsche Nationalgeist gestärkt werden, indem die Fremdwörter auf allen Ebenen des öffentlichen Lebens eingedeutscht würden. Die Reaktion des Sprachvereins auf den Ersten Weltkrieg ist in Hinblick auf „Das Reich" besonders interessant, da die Zeitung ausschließlich zur Zeit des Zweiten Weltkriegs erschien.

### 2.1.5 Das Wissenssystem *Sprache* unter ideologischem Druck

Auch wenn die aggressive, antifranzösische und radikalnationalistische Sprachideologie das persönliche und nationale Selbstvertrauen stärkte, sie war nicht geeignet, das zu liefern, was die verunsicherten Bürger jetzt am meisten benötigten: ein klares innenpolitisches Feindbild. Die Sprachauffassung bot, durch die Jagd auf Gallizismen, lediglich einen äußeren Feind, und dies auch nur indirekt. Nach der Durchsetzung der standardsprachlichen Normen war die Sprache als gesellschaftliches Distinktionsmerkmal immer weniger brauchbar. Dadurch, dass es prinzipiell jedem möglich war Deutsch zu lernen, besaß Sprache als Ordnungskonzept von ihrer Anlage her überwiegend integrative Kraft. Die gesellschaftlichen Konflikte konnten deshalb allein über das Konzept *Sprache* nur eingeschränkt ausgetragen werden.

Für die Arbeiterschaft wurde in der zweiten Hälfte des 19. Jahrhunderts das Konzept *Klasse* bedeutsam, das sprach-, länder- und zeitübergreifend die Gesellschaften in Ausbeuter und Ausgebeutete teilte. Die Rechte im politischen Spektrum hingegen entwickelte das Konzept *Rasse*, das die Menschen als Angehörige einer höheren oder minderwertigeren Art klassifizierte. Beide Konzepte, besonders, wenn die Judenfeindschaft nach 1870 als rassisch motivierter Antisemitismus verstanden wird, wiesen einen innenpolitischen Feind aus und hatten damit gesellschaftsordnende Kraft. Das Bürgertum war für das *Rasse*-Konzept aus zweierlei Gründen anfällig: Erstens überschnitt es sich mit seiner nationalen Gesinnung und zweitens lieferte der neue, biologistisch argumentie-

---

98  Zit. nach Bernsmeier 1980, 131.

rende Antisemitismus einen dringend benötigten Sündenbock als Erklärung für die innenpolitische Unruhe im Bismarckreich.

Dies hatte zur Folge, dass rassistisch-antisemitische Haltungen zunehmend in die Muttersprachideologie übernommen wurden. Die Schwierigkeiten, die sich mit einer solchen Uminterpretation verbanden, waren erheblich. Schließlich hatten gerade die Juden die Chance genutzt, die sich ihnen mit dem integrativen Sprachkonzept offenbart hatte.[99] Bis 1870 hatte ein Großteil von ihnen das Jiddische völlig abgelegt und die bürgerlichen Sprachnormen verinnerlicht. Weil mit dem Konzept des Sprachvolkes die jüdische Assimilation unlösbar verbunden war, gehörten Juden oftmals, wie zum Beispiel Eduard Engel, zu den profiliertesten Vertretern der Muttersprachideologie. Die Juden hatten es größtenteils geschafft, zu einem Teil der deutschen Sprachgemeinschaft zu werden; das Konzept der Blutsgemeinschaft drohte sie jedoch wieder auszuschließen.[100]

Die Konstruktion der antisemitischen Sprachideologie basierte auf der Projektion von der Nation auf die Nationalsprache: So wie die Juden für den *Abstieg*, die *Auszehrung*, den *Verfall*[101] der deutschen Nation verantwortlich gemacht wurden, lasteten die Sprachreiniger ihnen auch Abstieg, Auszehrung und Verfall der deutschen Sprache an. Wustmann gibt in seinem Buch „Allerhand Sprachdummheiten", welches damals in keinem guten bürgerlichen Haushalt fehlen durfte, die allgemein akzeptierte Argumentationslinie für die Sprachliebhaber vor. Schuldig an der Sprachmisere sei vor allem die Presse, die von Juden dominiert werde. „Noch nie wird man gehört haben, daß ein deutscher Junge auf die Frage: was willst du werden? geantwortet hätte: ich will Zeitungsschreiber werden. Ein Judenjunge vielleicht"[102], behauptet Wustmann und fährt fort:

Für *silberne* Hochzeit zu sagen *Silberhochzeit* – darauf kann zum erstenmale nur ein Jude verfallen sein. [...] er vor allen ist es, der, wo er als Fremder den reichen Wortschatz unserer Sprache nicht beherrscht, sofort mit überflüssigen, falschen und häßlichen Neubildungen bei der Hand ist, die ihm der Deutsche dann gedankenlos nachbraucht. Ein großer Teil

99 Vgl. zum Komplex Antisemitismus und Sprachideologie: Bering 1998, 284-289.

100 Vgl. zur Motivation der Juden, das Bildungsideal zu übernehmen: Bering, Dietz 1999. Juden und Deutsche. Ein "cultural pair"? Argumente gegen Daniel Goldhagen, in: Frank Fürbeth e.a. (Hrsg.), *Zur Geschichte und Problematik der Nationalphilologien in Europa. 150 Jahre Erste Germanistenversammlung in Frankfurt am Main (1846-1996)*, Tübingen, 318.

101 Vgl. Straßner, Erich 1987. *Ideologie – SPRACHE – Politik. Grundfragen ihres Zusammenhangs*, Tübingen, 158.

102 Wustmann 1891, 16.

ßer Teil unseres heutigen Sprachunrats geht ausschließlich auf das Ju-
dendeutsch der Berliner und der Wiener Tagespresse zurück.[103]

Ein anderer Sprachkritiker, Albert Heintze, macht zwei weitere Einlassstellen
für „Judaismen" aus:

> Unedel sind auch *jüdisch*-deutsche Ausdrücke wie *pleite* [...], *Stuß* (Un-
> sinn), *angeschickert* (angetrunken) u. a. Solche dem Hebräischen ent-
> stammenden Wörter, besonders durch die Börse und das Verbrechertum
> verbreitet, haben namentlich in Berlin in der Umgangssprache auch ge-
> bildeter Kreise Bürgerrecht erlangt. Selbst rosigen Damenlippen ent-
> schlüpfen bisweilen diese Judaismen, welche sich dann in der Unterhal-
> tung ausnehmen wie eine Knoblauchsblüte in einem Rosenstrauß.[104]

Antisemitische Invektiven gehörten bei den Sprachpflegern schon bald zum „guten Ton". Im Umfeld des Sprachvereins entstand 1895 zum Beispiel die Bro-
schüre „Jüdische Eindringlinge im Wörter- und Citatenschatz der deutschen
Sprache."[105] Doch an vielen Stellen zeigt sich auch sehr deutlich, wie schwer es
zu diesem Zeitpunkt den Sprachkritikern bereits fällt, das sprachliche Unvermö-
gen der Juden zu beweisen. Wustmann musste 1891 schon auf die Großeltern-
generation zurückgreifen:

> Ein großer Teil unsrer Zeitungen, vielleicht der größte und einfluß-
> reichste, wird von Leuten geschrieben, die einem fremden Volke angehö-
> ren, deren Großeltern, ja deren Väter und Mütter vielleicht [!] das Deut-
> sche noch nicht als ihre Muttersprache gesprochen haben! So flink sich
> auch der Jude, wie in alles, was mit dem bloßen Verstande zu erreichen
> ist, in die Elemente der deutschen Grammatik findet, so flink er auch sei-
> nem Geschreibsel den Schein einer leidlich richtigen Papiersprache zu
> geben weiß: wo es aufs Sprach*gefühl* ankommt, bleibt er doch ewig der
> Fremde.[106]

Wustmann muss anerkennen, dass für den überwiegenden Teil der Juden im
letzten Jahrzehnt des 19. Jahrhunderts die deutsche Sprache ihre Muttersprache
ist. Die Erklärung über das schlechte Deutsch der Juden wird nur durch das Hin-
zutreten eines zweiten Faktors stichhaltig: Der Jude gehöre „einem fremden

---

103  Wustmann 1891, 19.
104  Heintze, Albert 1894. *Gut Deutsch. Eine Anleitung zur Vermeidung der häufigsten Verstöße gegen den guten Sprachgebrauch und ein Ratgeber in Fällen schwankender Ausdrucksweise*, 4. Auflage, Berlin, 7-8.
105  Vgl. Römer 1985, 173.
106  Wustmann 1891, 18-19.

45

Volke an" und bleibe deshalb „ewig der Fremde". Volk wird also nicht mehr allein als Sprachvolk verstanden, sondern auch „im Sinne einer ethnischen, volksdeutschen Gemeinsamkeit – einer ‚Blutsgemeinschaft', wie man bald sagte."[107]

Diese Dichotomie von Rasse und Sprache beeinflusste das bürgerliche Wissenssystem *Sprache* bis 1945, doch eine sinnvolle Verbindung war auf Grund der offensichtlichen Tatsache, dass die Juden hervorragend deutsch sprachen, äußerst kompliziert. Bei Wustmann deutet sich in der unsicheren, wenig stichhaltigen Argumentation bereits eine Kapitulation der Sprachideologie vor der Rassenideologie an. In der Folgezeit wird die Bedeutung von Sprache für ein Volk immer häufiger und schärfer in Frage gestellt:

> Und was will die Sprache für das Rassetum eines Volkes bedeuten? Ist sie nicht in dem Verkehrstrubel der letzten tausend Jahre von vielen Völkern gewechselt worden, wie das Hemd auf dem Leibe. [...] – Stabil bleibt nur das Blut, die Rasse.[108]

Das Wissenssystem *Sprache* befand sich, als 1918 die deutsche Republik ausgerufen wurde, bereits unter erheblichem Druck. Dies soll nicht bedeuten, dass die Popularität der Beschäftigung mit Sprache abnahm, im Gegenteil: Die Zahl der Mitglieder des Sprachvereins kletterte von 39.000 (1918) auf knapp 50.000 (1930), die Anzahl der Ortsvereine steigerte sich im gleichen Zeitraum um etwa 50 Prozent.[109] Doch die bürgerliche Sprachauffassung war im Laufe des 19. Jahrhunderts zwischen ihrem aufklärerischem Anfangs- und ihrem chauvinistischen Endpunkt stark gedehnt und unter der ideologischen Bedrängnis der rivalisierenden Klasse/Rasse-Konzepte ideologisch perforiert worden. Das Wissenssystem *Sprache* war brüchig geworden und deckte ein breites ideologisches Spektrum ab.

Das eine Ende bildete die mit rassischen Elementen vermischte Sprachideologie. Danach ließ sich ein Volk durch seine Sprache und seine Rasse erschließen. Die ‚Judenfrage' war jedoch nicht zufriedenstellend zu lösen: „Wo der unverbildete deutsch-germanische Mensch spricht, spricht er blutsecht deutsch; wo der Jude „deutsch" spricht, spricht er *jüdisch*-deutsch'."[110] Diese Logik konnte nur von Wenigen nachvollzogen werden und wohl auch aus die-

---

107  Dann 1993, 190.
108  Aus dem *Hammer* von 1908, zit. nach Bering 1998, 288.
109  Vgl. Bernsmeier 1980, 137.
110  Aus dem *Hammer* von 1927, zit. nach Bering 1998, 283.

sem Grund lassen sich bis 1933 offen antisemitische Tendenzen in der „Zeitschrift des Deutschen Sprachvereins" kaum finden.[111]

Die Rassenideologie floss meistens auf subtilere Weise in die Muttersprachideologie ein. So wurden häufig nur einzelne Begriffe, Metaphern oder Kategorisierungen übernommen, die geeignet waren, eine Brücke zwischen der chauvinistisch-imperialistischen Nationalsprachideologie und der Rassenideologie zu schlagen:

> Nur die Völker, die mit leicht reizbarer *Leidenschaft*, mit schnell verletztem *Ehrgefühl* jedes ihrer Güter, und wäre es nur ein Satz, ein Wort, behüten, nur die drücken einem stetig wachsenden Teile der Menschheit ihr Gepräge auf und schreiten als Herrenvölker durch die Zeit. *Nur ein deutschsprechendes deutsches Volk kann Herrenvolk werden und bleiben.*[112]

In der Mitte des ideologischen Spektrums befand sich die Masse derjenigen, die weiterhin mit Hilfe der Sprache die nationale Sache verteidigen wollten. Nach dem Ende der imperialistischen Träume konzentrierten sie sich besonders auf die Auslandsdeutschen, die sie dazu aufriefen, ihre Sprache und damit ihre deutsche Identität zu pflegen. Auf der Basis des Konzepts der Sprachnation forderten sie vehement die Wiedereingliederung der von Deutschland abgetrennten Gebiete, wobei sie ihren Anspruch mit dem Zitieren von Ortsnamen, Familiennamen oder mundartlichen Ausdrücken zu untermauern versuchten. Frankreich wurde wiederum als Hauptgegner ausgemacht: In Elsass-Lothringen „wird auf dem Boden des *einstigen deutschen Reichslandes* der Weltkrieg gegen das Deutschtum weitergeführt als ein Vernichtungskampf gegen die deutsche Sprache."[113] Solche Argumentationen fanden ihre politische Heimat vor allem in den Forderungen der Deutschnationalen Partei. Die Frage, ob der Anschluss Elsass-Lothringens im Jahr 1940 mit der Sprache oder der Rasse begründet wird, kann sicher einigen Aufschluss über die Flexibilität von Erklärungsmustern im Dritten Reich liefern.

In der Tradition des Wilhelminismus stehend, wurde *Volk* weiterhin primär sprachlich aufgefasst. Diese Position wurde vehement von Weisgerber und Schmidt-Rohr vertreten, wie etwa in der letzten, groß angelegten Veröffentlichung zum Verhältnis von Sprache und Volk, die vor der Machtübernahme der

---

111  Vgl. Bernsmeier 1980, 135.
112  Engel 1917, 132.
113  Aus der *Zeitschrift des Deutschen Sprachvereins* 1923, zit. nach Bernsmeier 1980, 136.

Nationalsozialisten vollendet wurde. Darin verteidigt Schmidt-Rohr seine These, nach der Rasse, Religion, Geographie sowie einige andere Faktoren einen deutlich geringeren Einfluss auf die Konstitution eines Volkes haben als die Sprache.[114]

Am anderen Ende des ideologischen Spektrums befanden sich schließlich diejenigen Sprachliebhaber, die allen Uminterpretationen und Neuausrichtungen der Muttersprachideologie zum Trotz deren aufklärerischen und weltbürgerlichen Ursprung nicht vergessen hatten und weiterhin an die Gedanken Humboldts anknüpften:

> Es ist die universale und tolerante Auffassung [des Verhältnisses von Sprache und Nationalgefühl; M.A.W.], zu der die Menschheit langsam heranreift. [...] Ersticke ich meines Nachbars Muttersprache, um ihm die meinige einzublasen, wer könnte dafür einen andern Grund angeben als den nackten und blöden Dünkel, der auch dadurch nicht besser wird, daß es Nationaldünkel ist. [...] Man darf hoffen, daß das Ende des Weltkrieges allerseits den nationalen Räuschen einige Ernüchterung bringt.[115]

Zur Zusammenfassung: Was bildete den Kern des Wissenssystems *Sprache* zum Zeitpunkt des Machtantritts der Nationalsozialisten? Der wichtigste Wert für die Anhänger der Sprachideologie stellt 1) die deutsche Volksgemeinschaft dar, die sich 2) durch alle Sprecher der deutschen Sprache konstituiert. Ausdruck und Bindeglied der Volksgemeinschaft ist 3) die deutsche Sprache, durch die sich der Volksgenosse im Denken und Fühlen von den anderen Völkern unterscheidet. Durch die wechselseitige Beeinflussung von Sprache und Geist wird der Sprecher 4) durch die Sprache determiniert, ist aber 5) auch zur Pflege der Sprache verpflichtet, um so das Deutschtum zu stärken. Das Sprachideal, das jeder Sprecher durch Rückgriff auf sein Sprachgefühl erreichen konnte, besteht 6) in einer klaren, präzisen, verständlichen, deutlichen und ursprünglichen Sprache.

Meistens – aber wie gesehen nicht immer – gehörte zum Kern der Anschauungen ein Nationalismus, der die deutsche Sprache und mit ihr das deutsche Volk selber gegenüber den anderen Sprachen/Völkern als überlegen einstufte, wobei die anderen Völker, insbesondere der Erzfeind Frankreich, verleumdet und erniedrigt wurden. Teilweise steigerte sich der Patriotismus der bürgerlichen

---

114  Georg Schmidt-Rohrs Buch „Die Sprache als Bildnerin der Völker" erschien 1932. Vgl. dazu: Simon, Gerd 1979. Materialien über den Widerstand in der deutschen Sprachwissenschaft des Dritten Reiches: Der Fall Georg Schmidt-Rohr, in: ders. (Hrsg.), *Sprachwissenschaft und politisches Engagement*, Weinheim/Basel, 161.

115  Vossler, zit. nach Ahlzweig 1994, 180.

Sprachliebhaber zu einem wahren Völkerhass, teilweise war die Sprachideologie mit rassistischen und antisemitischen Elementen durchzogen.

## 2.2 Die nationalsozialistische Sprachauffassung

Der ideologische Kampf zwischen Rasse und Sprache als konstitutives Element des Volkes wird durch die Machtübernahme der Nationalsozialisten schließlich von oben zu Gunsten der Rasse entschieden. Die nationalsozialistische Ideologie lehnte die Grundannahmen der bürgerlichen Sprachauffassung, die von der Konstitution und Bindung einer Nation durch die Nationalsprache ausging, prinzipiell ab. Hitler sieht in solchen Vorstellungen vielmehr eine Kraft, die das rassische Prinzip bedroht. In seinem Buch „Mein Kampf" äußert er sich folgendermaßen:

> Es ist aber ein kaum faßlicher Denkfehler, zu glauben, daß, sagen wir, aus einem Neger oder einem Chinesen ein Germane wird, weil er Deutsch lernt und bereit ist, künftighin die deutsche Sprache zu sprechen [...]. Daß jede solche Germanisation in Wirklichkeit eine Entgermanisation ist, wurde unserer bürgerlichen nationalen Welt niemals klar. Denn wenn heute durch das Oktroyieren einer allgemeinen Sprache bisher sichtbar in die Augen springende Unterschiede zwischen verschiedenen Völkern überbrückt und endlich verwischt werden, so bedeutet dies den Beginn einer Bastardierung und damit in unserem Fall nicht eine Germanisierung, sondern eine Vernichtung germanischen Elementes.[116]

Die Kritik an der die Rassegrenzen verwischenden Kraft der Sprache wird am deutlichsten, wenn Hitler das Verhalten der Juden beschreibt. Sie hätten sich „im Laufe von mehr als tausend Jahren" die deutsche Sprache angeeignet und wollten sich mit diesem ‚Trick' in Deutsche verwandeln. Weil sie sich niemals mit Deutschen vermengt hätten, beruhe ihr ganzes Deutschtum „nur auf der Sprache allein", eine der „infamsten Täuschungen, die sich denken läßt."[117] Denn die Sprache sei für ‚den Juden' „nicht das Mittel, seine Gedanken auszudrücken, sondern das Mittel, sie zu verbergen. Indem er französisch redet, denkt er jüdisch, und während er deutsche Verse drechselt, lebt er nur das Wesen seines Volkstums aus."[118]

---

116 Hitler, Adolf 1924. *Mein Kampf*, http://abbc.com/berlin/kampf.htm [Stand: April 2001], 428.
117 Ebenda, 324.
118 Ebenda, 337.

Obwohl Sprache ein gefährliches – weil anscheinend wirksames – jüdisches Mittel der Täuschung ist, kann Sprache dazu dienen Juden zu entlarven, denn Juden würden das Deutsche „in fürchterlicher Weise radebrechen". „Der Jude" könne „in tausend Sprachen der Welt" reden, er werde trotzdem „immer der eine Jude" bleiben: „Seine Charaktereigenschaften sind dieselben geblieben, mochte er vor zweitausend Jahren als Getreidehändler in Ostia römisch sprechen oder mag er als Mehlschieber von heute deutsch mauscheln. Es ist immer der gleiche Jude."[119] Sprache könne also immer nur Indizfunktion besitzen, denn, so stellt Hitler gleich zweimal in „Mein Kampf" fest, das Volkstum liegt „nicht in der Sprache, sondern ausschließlich im Blute."[120]

Seine Weltanschauung basiert auf der „Erkenntnis, daß die kultur- und wertbildenden Kräfte wesentlich auf rassischen Elementen beruhen, und daß der Staat also sinngemäß als seine höchste Aufgabe die Erhaltung und Steigerung der Rasse zu betrachten hat, diese Grundbedingung aller menschlichen Kulturentwicklung."[121] Die Muttersprache ist nur noch das Beiprodukt der schöpferischen nordischen Rasse. Der bürgerlichen Staatsauffassung eines „sprachlich ausgeprägten und geeinten Staatsvolkes"[122] wird der von der arischen deutschen Rasse besiedelte und germanisierte deutsche Boden entgegengesetzt. Hier wird eine erste Konfliktlinie sichtbar: Die Blut-und-Boden-Ideologie und die Muttersprachideologie klaffen in ihren Determinanten von *Volk* weit auseinander, wobei die Juden das eine Mal aus-, das andere Mal eingeschlossen werden.

In der Rassentheorie kommt der Sprache als größtenteils unbrauchbares Rassenmerkmal nur eine periphere Rolle zu, bei dem daraus abgeleiteten Führerprinzip nimmt sie jedoch eine wichtige Position ein. Führen bedeutete für Hitler zunächst Anhänger und Mitglieder für seine Partei zu finden, dann Wähler zu mobilisieren und später die Unterstützung für die nationalsozialistische Regierung zu sichern. In „Mein Kampf" beschreibt er die Anfänge dieser Arbeit folgendermaßen:

> Nach meinem Eintritt in die Deutsche Arbeiterpartei übernahm ich sofort die Leitung der Propaganda. Ich hielt dieses Fach für das augenblicklich weitaus wichtigste. [...] Die Propaganda mußte der Organisation weit voraneilen und dieser erst das zu bearbeitende Menschenmaterial gewinnen.[123]

---

119  Hitler 1924, 324.
120  Ebenda, 324, vgl. auch 428.
121  Ebenda, 431.
122  Ebenda, 427.
123  Ebenda, 649.

Wir konnten hier die unglaubliche Diszipliniertheit der Propaganda unserer Gegner kennenlernen, und es ist heute noch mein Stolz, das Mittel gefunden zu haben, diese Propaganda nicht nur unwirksam zu machen, sondern ihre Macher endlich selbst damit zu schlagen. Zwei Jahre später war ich Herr in dieser Kunst.[124]

Hitler schreibt weiter: „Führen heißt: Massen bewegen können."[125] Wenn Hitler sich den Titel „Führer" gibt, definiert er sich selbst als denjenigen, der die Massen bewegt. Damit werden die Instrumente, die er braucht, um diese Funktion auszufüllen, zu Kernelementen der nationalsozialistischen Ideologie. Die „Gewinnung des zu bearbeitenden Menschenmaterials", die „Bewegung der Massen", das waren für Hitler seine ureigensten Aufgaben. Und deshalb legte er einen immensen Wert auf das Mittel, welches allein geeignet war, diese Aufgaben zu erfüllen: „Alle gewaltigen, weltumwälzenden Ereignisse sind nicht durch Geschriebenes, sondern durch das gesprochene Wort herbeigeführt worden."[126] Das Instrument, mit dem er die politische Macht erringen wollte, war die Rede, hauptsächlich auf Massenversammlungen und im Radio, ein sprachliches Mittel also. Der „überragenden Redekunst einer beherrschenden Apostelnatur" sollte es gelingen, die Deutschen „dem neuen Wollen zu gewinnen."[127] Aufbau und Erhalt der nationalsozialistischen Macht basierten, wie Zeitzeugen ebenso wie Wissenschaftler bis heute betonen, auf der „Kraft und Fähigkeit der Massenbeeinflussung durch das gesprochene Wort."[128]

Sprache hatte innerhalb der nationalsozialistische Ideologie nur diese eine wichtige Funktion: Sie war das Instrument, welches die politische Macht erst möglich machte. Die nationalsozialistischen Führer dienten der deutschen Muttersprache nicht, wie die Sprachliebhaber es forderten, sondern sie bedienten sich ihrer. Das Instrument Sprache sollte schlagkräftig und uneingeschränkt nutzbar sein. Sprache sollte in erster Linie Wirkung bei den Angesprochenen zeigen, sie sollte nicht Informationen, sondern Emotionen transportieren. Sprache wurde unter Nützlichkeitsgesichtspunkten bewertet, sie wurde nicht als ein Ausdruck des deutschen Nationalgeists verstanden, der den deutschen Volkscharakter möglichst rein widerspiegeln sollte.

---

124  Hitler 1924, 522.
125  Ebenda, 650.
126  Ebenda, 525.
127  Ebenda, 532.
128  Ebenda, 525.

Mit einer „Narkotik der Festlichkeit"[129] überzogen die nationalsozialistischen Herrscher Deutschland nach 1933. In ihrem Mittelpunkt stand die verbale Kommunikation: Ansprachen und Reden, angefangen von dem relativ privaten Bereich der Schulfeier bis hin zu den großen öffentlichen Inszenierungen wie dem Reichsparteitag. Sprache bildete damit ein Kernstück der nationalsozialistischen Ideologie, und zwar insoweit, als sie die Praxis der politischen Gewaltausübung betraf. Sprache sollte profanes Propagandainstrument sein und nicht eine hingebungsvolle Verehrung erfahren, wie die Muttersprachideologen sie einforderten.

Zwischen dem bürgerlichen Sprachideal und der nationalsozialistischen Sprachverwendung verläuft eine zweite Konfliktlinie. Das idealistische bürgerliche und das praxisorientierte nationalsozialistische Sprachverständnis standen sich 1933 anscheinend völlig unvereinbar gegenüber. Doch zwei Faktoren waren dazu geeignet, die weltanschaulichen Differenzen zwischen den bürgerlichen Sprachliebhabern und den neuen nationalsozialistischen Herrschern zu überbrücken.

*Erstens* fühlten sich die Sprachpuristen mit den Nationalsozialisten durch den nationalistischen Kampf verbunden. Das bürgerliche Eintreten für die Muttersprache hatte seit jeher dazu gedient, die nationale Sache zu unterstützen. Die Sprachpuristen verstanden sich in erster Linie als Patrioten, sodass sie mit den Nationalsozialisten den Kampf gegen alles Undeutsche teilten. In ihrer nationalen Euphorie nach dem Machtantritt Hitlers nahmen sie eine Übereinstimmung ihrer Vorstellungen mit denen der Nationalsozialisten an. Beiden Ideologien ist ein übertriebener Nationalismus gemein, welcher jedoch, was die Sprachliebhaber in seiner Tragweite nicht erkannten, auf der einen Seite mit der Überlegenheit der Rasse, auf der anderen Seite mit der Überlegenheit der Sprache beziehungsweise der Kultur begründet wird.

*Zweitens* versuchten die neuen Herrscher ihre Macht durch das Einbinden von so vielen gesellschaftlichen Gruppierungen wie möglich dauerhaft abzusichern. Sie machten sich die bei den meisten Sprachpuristen vorhandenen national-chauvinistischen Überzeugungen genauso zu Nutze wie etwa die Jugendbewegung und die Preußenbegeisterung.[130] Die Anhänger des Sprachpurismus rekrutierten sich hauptsächlich aus der bürgerlichen Schicht, welche sich in Deutschland traditionell in einer schwachen Position befand und aus diesem Grunde auch ständig auf der Suche nach politisch handelnden Stellvertretern

---

129  Ehlich 1989, 20.
130  Vgl. von Polenz 1966, 97.

war.[131] Von Hitler wurde das Bürgertum geschmäht, doch für den auf Massenpartizipation ausgerichteten Nationalsozialismus musste es eine wichtige Zielgruppe darstellen. Die erste Phase der nationalsozialistischen Herrschaft ist deshalb durch eine breite ideologische Amalgamierung gekennzeichnet, die auch die Duldung der Muttersprachideologie einschloss. Der Sprachverein wird in der Zeit der Machtkonsolidierung in seiner Arbeit nicht unterstützt, aber er wird auch nicht behindert.

Das Ergebnis war, dass die beiden teilweise konfligierenden Sprachanschauungen zunächst nebeneinander existierten. Die Auseinandersetzungen zwischen nationalsozialistischen Machthabern und bürgerlichen Sprachideologen in der ersten Phase des Dritten Reiches sollen, obwohl wissenschaftlich aufgearbeitet[132], noch einmal dargestellt werden, weil sich dadurch Unvereinbarkeiten und Konvergenzen beider Wissenssysteme deutlich zeigen lassen. Erst vor diesem Hintergrund kann das Sprachverständnis in „Das Reich" genau analysiert und bewertet werden.

### 2.2.1 Konfliktlinie 1: Bürgerliche Sprachkritik vs. nationalsozialistische Sprachverwendung

Auf Grund des Missverständnisses über die Komplementarität ihrer Zielsetzungen sahen sich die Sprachliebhaber nach der nationalsozialistischen Machtübernahme im Aufwind und forderten von der neuen nationalen Regierung die Durchsetzung ihrer alten nationalsprachlichen Ziele. Bestärkt durch den Glauben, die Sprache sei ein „hochbedeutsames Rassenmerkmal", sahen sich einige Sprachvereinsmitglieder nun als die „SA unserer Muttersprache". Andere verstanden den Kampf des Sprachvereins als ein „sehr wichtiges Teilgefecht in Adolf Hitlers Großangriff wider alles Undeutsche."[133]

Der Vorstand des deutschen Sprachvereins veröffentlichte im April 1933 in der Vereinszeitschrift „Muttersprache" ein Schreiben an die zuständigen Regierungsstellen, in dem er weitreichende Forderungen für das neue, nationalsozialistische Deutschland erhob:

---

131 Vgl. Ehlich 1989, 18-19. Er verweist auf die sich lange erhaltende vorkapitalistische Organisationsstruktur in Deutschland und das starke Proletariat. Die Adaptierung politischer Verhältnisse an die Erfordernisse der eigenen Produktionsweise sei stets nur durch Stellvertreter möglich gewesen.
132 Vgl. etwa von Polenz 1966; Simon 1979; Bernsmeier 1983.
133 Aus *Muttersprache*, zit. nach von Polenz 1966, 86.

Der deutsche Sprachverein wird mit Anfragen überschüttet, ob die neue Regierung denn nicht auch für die Sprache etwas zu tun gedenke. Man versteht nicht, daß vom Standpunkt des Reichsganzen aus andere Dinge wichtiger erscheinen können. Herrschen doch gerade auf dem Gebiete der Sprache die schreiendsten Mißstände, und ist doch gerade sie eins der kostbarsten Güter, die das deutsche Volk besitzt. Wir haben bei den zuständigen Stellen um einen Empfang gebeten, um unsere Hoffnungen und Wünsche vorbringen zu können.[134]

Die vorgetragenen Forderungen zeigen, wie wenig die Sprachpfleger die nationalsozialistischen Machthaber einschätzen konnten: „Die *Behörden* sind für das Volk da. Darum muss die Sprache ihrer Erlasse, Verfügungen usw. klar und für jedermann verständlich sein." Die Sprachpfleger erkannten nicht, dass die Behörden für die Nationalsozialisten ein reines Machtinstrument darstellten, also eben nicht für das Volk da waren, und dass deren Erlasse oft gerade nicht klar und für jedermann verständlich sein sollten. Der Sprachverein wagte es in seinem Schreiben an die Regierungsstellen sogar, für den Kern der nationalsozialistischen Sprachpraxis Verbesserungsvorschläge zu unterbreiten:

> Der *Rundfunk* spricht zum ganzen Volke. Er ist gerade für die einfachen Leute vielfach die einzige Quelle der Erholung und Belehrung. Darum ist es selbstverständlich, daß alle, die durch ihn sprechen, jedes unnötige Fremdwort meiden müssen. Sehr viele Redner aber wissen gar nicht, daß sie solche Fremdwörter gebrauchen; sie ahnen nicht, daß sie ihren Zuhörern Steine für Brot bieten. Solche Vortragende müssen belehrt werden; und wenn sie der Belehrung unzugänglich sind, dürfen sie nicht mehr zugelassen werden. [...] Es sollte auch niemand durch den Rundfunk sprechen dürfen, der sich nicht wenigstens bemüht, die deutsche Hochsprache (Bühnenaussprache) anzuwenden.[135]

Der Rundfunk, der es erlaubte schnell und unkompliziert die Massen zu erreichen und damit zu einem der wichtigsten Medien im Nationalsozialismus wurde, sollte nur noch Vortragenden mit Bühnenaussprache zugänglich sein, die keine Fremdwörter benutzen durften. Dies hätte natürlich eine Einschränkung des Machtinstruments Sprache zur Folge gehabt, die Goebbels und Hitlers Intentionen entschieden zuwiderlief. Die „offizielle" Sprache der nationalsozialistischen Partei wies einen Großteil der sprachlichen Merkmale auf, die der Sprachverein bekämpfte, beispielsweise die häufige Verwendung von Abkürzungen. Hitler selber verwendete in seinen Reden bevorzugt Metaphern und

---

134 Aus *Muttersprache*, zit. nach Simon 1979, 156.
135 Aus *Muttersprache*, ebenda, 157.

Fremdwörter, gerade weil sie nicht verständlich waren, aber bei den Zuhörern Wirkung zeigten.

Besonders an der Fremdwortfrage, die bei den Sprachpflegern schon immer im Mittelpunkt stand, entzündeten sich die Emotionen. Weil Fremdwörter geeignet sind, Bedeutungen unscharf wiederzugeben, verschiedene Inhalte aufzunehmen und dabei einen gebildeten Eindruck vorzutäuschen, waren sie den nationalsozialistischen Zwecken besonders dienlich. Die Sprachpfleger registrierten nicht, dass bei Begriffen wie *Konzentrationslager* oder *Sterilisation* bewusst auf Fremdwörter zurückgegriffen wurde und dass die Nationalsozialisten an den deutlicheren deutschen Wörtern *Zwangslager*, *Straflager* oder *Unfruchtbarmachung* kein Interesse haben konnten.[136] Auch die Vorschläge, *Nationalsozialismus* in *Volksgenossentum* oder *Volksgenossenschaft* umzutaufen, ärgerten Hitler, hatte er sich doch schon in „Mein Kampf" vehement gegen die „Wortklauberei und Spiegelfechterei" von „irgendwelchen bezopften völkischen Theoretikern"[137] ausgesprochen, die eine Änderung des Parteinamens erreichen wollten. Besonders unbeliebt machte sich der deutsche Sprachverein, als sein Vorsitzender Hitlers Redestil direkt kritisierte:

Wer einem Volke Führer sein will, muß ihm ein Beispiel sein, nicht nur in Tapferkeit, Einsicht und Besonnenheit, sondern auch in der Lebensführung, und zu der gehört eine reine, sorgfältige Sprache! Und wer zu allen Volksgenossen spricht, wer auf alle einwirken will, dessen Pflicht ist es, so zu sprechen, daß er allen verständlich sei. Wer Deutsche führen will, muß deutlich zu ihnen reden. Deutsche erwachet.[138]

Damit hatte der Sprachverein das Führerprinzip gleich zweimal grob missinterpretiert. Zum einen glaubten die Sprachpfleger, dass man dem Führer mit Ratschlägen zum besseren Reden ‚helfen'[139] konnte. Die Auffassung, dass Hitler kritisierbar war, ließ den Sprachverein besonders bei Goebbels in Ungnade fallen. Zum anderen erhoben sie Forderungen, die der Funktion von Sprache in der nationalsozialistischen Sprachideologie entgegengesetzt waren. Hitler hielt es nämlich für

„nicht nötig, daß jeder einzelne, der für diese Weltanschauung kämpft, vollen Einblick und genaue Kenntnis in die letzten Ideen und Gedanken-

---

136  Beispiele nach Bernsmeier 1983, 36.
137  Hitler 1924, 395.
138  Aus *Muttersprache*, zit. nach Simon 1979, 159.
139  Vgl. Bernsmeier 1983, 52.

gänge der Führer der Bewegung erhält. Notwendig ist vielmehr, daß ihm einige wenige, ganz große Gesichtspunkte klargemacht werden und die wesentlichen Grundlinien sich ihm unauslöschlich einbrennen, so daß er von der Notwendigkeit des Sieges seiner Bewegung und ihrer Lehre restlos durchdrungen ist."[140]

Das „restlose Durchdringen" des Zuhörers, das „unauslöschliche Einbrennen" von ein paar Kernsätzen, diese Kommunikationsziele erforderten eben keine klare, deutliche und für alle Volksgenossen verständliche Sprache. Das bürgerliche Sprachideal war in seinen Wurzeln egalitär, das politische Angebot sollte „allen Volksgenossen" verständlich sein – die Voraussetzung für eine rationale und aufgeklärte Partizipation aller an der Politik. Das nationalsozialistische Sprachideal war dagegen elitär, sprachliche Mittel sollten die Führer befähigen, für die von ihnen getroffenen Entscheidungen unbedingte Gefolgschaft zu erzeugen.

Weil Sprachgebrauch leicht überprüfbar ist und die Nationalsozialisten so offensichtlich gegen das bürgerliche Sprachideal verstießen, konnten die Differenzen nicht problemlos überbrückt werden. Eine rettende Argumentationshilfe kam jedoch von wissenschaftlicher Seite. Die sprachpraktischen Forderungen sollten schlichtweg nicht auf die nationalsozialistische Bewegung angewendet werden, so der Gießener Germanist Alfred Götze, da deren „falscher" Sprachgebrauch „wohlerwogener staatsmännischer Absicht"[141] entspringen würde. Durch diesen Kunstgriff konnte die Sprachkritik, die in alter bürgerlicher Tradition als Kampf für das deutsche Wesen und gegen die Unterdrückung einstiger Fremdherrschaft etikettiert wurde, auf allen anderen Ebenen des gesellschaftlichen Lebens mit noch größerer Leidenschaft der Sprachvereinsmitglieder fortgeführt werden. Durch die Verbindung von Rasse- und Sprachtheorie sahen die Mitglieder des Sprachvereins ihren Auftrag gerechtfertigt, sie säuberten nunmehr das „heilige erb- und blutgebundene Sprachgut."[142]

Die Amalgamierung von Sprach- und Rassenideologie hatte die Voraussetzung dafür geschaffen, dass nach den Nürnberger Gesetzen die Jagd auf so genannte jüdisch-deutsche Wörter wieder aufleben konnte. Hier bot sich endlich auch auf sprachpraktischem Gebiet eine Möglichkeit, „die ,vaterländische' Aufgabe der Sprachreinigung mit dem nun zum Gesetz erhobenen Antisemitismus

---

140  Hitler 1924, 508.
141  Aus *Muttersprache*, zit. nach von Polenz 1966, 85.
142  Aus *Muttersprache*, zit. nach Bernsmeier 1983, 33.

zu verbinden.“[143] Die antisemitische ‚Fremdwortkritik‘ hatte, wie oben gezeigt, seine Wurzeln bereits im 19. Jahrhundert, als etwa Heintze im Jahre 1894 die „Judaismen“ *pleite, Stuß, angeschickert* als „unedle“, durch die Börse und das Verbrechertum verbreitete Wörter brandmarkte.[144]

Auch 1936 sind „im jüdischen Verbrechertum wurzelnde“ Begriffe wie „*berappen, beschummeln, mogeln, pleite, Schlamassel, Stuß* [...]“[145] wieder das Ziel der Sprachpfleger. Doch die Sprachideologie war nur äußerst schwer antisemitisch aufzuladen (vergleiche schon die Bemühungen Wustmanns), und so kam es, dass an dieser Stelle die mühsam verdeckten Differenzen zwischen dem Sprach- und dem Rassekonzept aufbrachen. Verwirrt fragten sich die Sprachvereinsmitglieder, wieso gerade immer wieder Juden als die hervorragendsten Verfechter der deutschen Sprachreinheit aufgetreten waren, allen voran das Ehrenmitglied Eduard Engel. Wenn Hitler Fremdwörter benutzte, Juden aber nicht, konnte dann der Gebrauch des Fremdworts „zum Maßstab vaterländischer Gesinnung gemacht werden?“[146] Die Lösung dieses Widerspruchs überforderte den Sprachverein und stürzte ihn in eine tiefe Sinnkrise.

Die Krise spitzte sich weiter zu, als die nationalsozialistische Führung nach der Konsolidierung ihrer Macht schärfer gegen abweichende Meinungen vorging. Reichspropagandaminister Goebbels spricht sich 1937 in deutlicher Form gegen Eindeutschungen aus und macht die Spitze des Sprachvereins auf der Berliner Festsitzung der Reichskulturkammer mit ihrem Anliegen lächerlich. Dabei unterstreicht er die dem Führerprinzip folgende sprachpraktische Position der nationalsozialistischen Regierung: Die richtige Sprache sei diejenige, die des Volkes „beste Vertreter“ sprechen. Damit schützt er das Machtinstrument Sprache gegen die sprachpraktischen Forderungen des Sprachvereins:

> Sie ist nicht von Gelehrten erdacht, sondern vom sprechenden Volke und von der ewig in Bewegung befindlichen Entwicklung gestaltet worden. [...] Richtig ist, was das Volk durch seine besten Vertreter spricht. Man greift deshalb vollkommen am Wesen der Sprache vorbei, wenn man glaube, durch künstlich erdachte Wortbildungen die ewige Entwicklung der Sprache aufzuhalten. Worte lassen sich nicht ein- oder absetzen wie Studienräte.[147]

---

143  Von Polenz 1966, 90.
144  Heintze 1894, 7-8.
145  Götze, zit. nach von Polenz 1966, 90.
146  Ebenda, 94.
147  Zit. nach Simon 1989, 72.

Damit wurde das Hauptziel der Sprachpfleger vom Propagandaminister selbst öffentlich abgelehnt, ein schwerer Rückschlag für den doch vermeintlich fest auf nationalsozialistischem Boden stehenden Sprachverein. Eine dann folgende noch engere Anlehnung an die nationalsozialistische Ideologie konnte das Verbot der Fremdwortreinigung nicht aufhalten. Am 19. November 1940 tritt ein Führererlass in Kraft, der sich pauschal gegen Eindeutschungen von Fremdwörtern richtet:

> Dem Führer ist in letzter Zeit mehrfach aufgefallen, daß – auch von amtlichen Stellen – seit langem in die deutsche Sprache übernommene Fremdwörter durch Ausdrücke ersetzt werden, die meist im Wege der Übersetzung des Ursprungswortes gefunden und daher in der Regel unschön sind. Der Führer wünscht nicht derartige gewaltsame Eindeutschungen und billigt nicht die künstliche Ersetzung längst ins Deutsche eingebürgerter Fremdworte durch nicht aus dem Geist der deutschen Sprache geborene und den Sinn der Fremdworte meist nur unvollkommen wiedergebende Wörter.[148]

Die bürgerliche Sprachkritik wird von oberster Stelle in die Schranken gewiesen. Zu klar sind die Differenzen zwischen der von offizieller Seite verwendeten Sprache und dem traditionellem Sprachideal, als dass eine Verschmelzung möglich wäre. Wird es in „Das Reich" überhaupt eine Kontinuität dieser Sprachkritik geben können, in eben jener Zeitung, in welcher der für das Propagandamittel *Sprache* zuständige Minister seine Leitartikel veröffentlichte?

## 2.2.2 Konfliktlinie 2: Sprachideologie vs. Rassenideologie

Die Rassentheoretiker hatten sich seit ihren Anfängen mit *Sprache* als der vorherrschenden, mit der *Rasse* in Konkurrenz stehenden Weltanschauung auseinandergesetzt und sie in ihre Ideologie eingebunden. Schon Gobineau schrieb im Jahr 1868:

> Von Hause aus existiert eine vollkommene Übereinstimmung zwischen dem geistigen Werte einer Rasse und der ihr angeborenen und eigentümlichen Sprache [...]. Die Rangordnung der Sprachen entspricht der Rangordnung der Rassen.[149]

---

148   Zit. nach von Polenz 1966, 96.
149   Gobineau, zit. nach Römer 1985, 133.

Sprachverfall deutete Gobineau als direkte Folge von Rassenmischungen. Deutsche Rassenideologen konstatierten, dass in der Grammatik der Nationalsprache „das geistige Leben eines Volkes eingekapselt und gebunden"[150] liege. Die Sprachideologie war in die Rassentheorie von Anfang an behutsam eingeflochten worden, ohne die Bedeutung der Sprache zu sehr zu schädigen: Sprache sei leider „zur Zeit" als Rassenkriterium nicht mehr brauchbar, stelle aber ein hochbedeutsames, uraltes Rassenmerkmal dar.[151]

An diese Vorgaben hielten sich auch die deutschen Sprachwissenschaftler nach 1933. Hatte Schmidt-Rohr noch 1933 geschrieben, es sei eine „ganz und gar unsinnige Vorstellung", von einer „sonderwesentlichen, einer Rasse eigentümlichen ‚arteigenen' Sprache auszugehen", so argumentierte er wenig später, dass „alles, was über das Wesen der Sprache ausgesagt wird, ja letzten Grundes aus der Rasse als der wesentlichsten unter den sprachgebärenden Mächten quillt." Auch Weisgerber erkennt plötzlich an, dass das „blutmäßige Erbgut den Einzelnen *vor* seiner Sprache bestimmt" und dass die „rassenmäßigen Bedingungen als biologische Tatbestände an einer früheren Stelle der Lebensordnung bleiben." Er präsentiert Rasse und Sprache konsequent als zusammengehörige Einheit und schafft damit eine Rechtfertigungsgrundlage für alle „Verfechter des Sprachgedankens":

> Wenn wir uns die beiden Formeln ‚Volk ist bestimmt durch rassenmäßige Bedingungen' und ‚Volk ist bestimmt durch die Sprache' nebeneinander denken, so ist hier jeweils ein Bestimmungsstück herausgehoben von den beiden Größen, die für jede Definition unentbehrlich sind. Drücken wir es logisch aus, wo würde angesichts der genannten Bestimmung ‚Volk ist die Gemeinschaft rassisch verwandter Menschen, die durch Sprache, Geschichte und Kultur verbunden sind', der Verfechter des Rassegedankens auf das *genus proximum*, den Oberbegriff (insofern dieser nicht Mensch schlechthin ist), der Verfechter des Sprachgedankens auf die *differentia specifica*, das kennzeichnende Merkmal, zielen.[152]

Durch die prinzipielle Anerkennung von Volk als Gemeinschaft rassisch verwandter Menschen erkämpft sich Weisgerber Freiraum für die Sprachideologie: *Sprache* wird generell verstanden als dem Oberbegriff *Rasse* nachgeordnetes Merkmal, *Sprache* setzt damit *Rasse* voraus. Unter dieser Prämisse kann Sprache als eigenständiger Teilbereich in die Rassenideologie aufgenommen werden.

---

150  Driesmans, zit. nach Römer 1985, 134.
151  Vgl. zu diesem Komplex: Römer 1985, Kapitel neun.
152  Weisgerber und Schmidt-Rohr zit. nach Simon 1979, 160-162.

Verfechter des Sprachgedankens implizieren den Rassebegriff nunmehr automatisch und integrieren ihre Anschauungen, ohne größere Veränderungen vornehmen zu müssen, problemlos in die Rassentheorie. Die Überzeugung, die Muttersprache sei das einigende Band des deutschen Volks, kann von Nationalsozialisten vertreten werden, freilich versehen mit dem ‚rassischen' Vorbehalt: Die Muttersprache „hat die Kraft, Gemeinschaft auf rassischer Grundlage zu verwirklichen, Menschen, die rassisch die Möglichkeit zur Bildung einer Gemeinschaft in sich tragen, zu wirklichen Gliedern der Gemeinschaft zu prägen."[153]

So verwundert es nicht, dass Mitglieder des Sprachvereins 1933 ganz im Zuge der Zeit die „Neubelebung der deutschen Sprachkräfte aus völkischen Urgründen"[154] fordern. Wie viel die Rasse und wie viel die Sprache zur Volkwerdung beitrugen, diese Gewichtung vorzunehmen war letztlich jedem Individuum selbst überlassen, vorausgesetzt, die Sprache blieb der Rasse als *genus proximum* untergeordnet: „Hatte die gemeinsame Sprache ihren letzten, unmittelbarer Betrachtung entzogenen Ursprung und Grund in der gemeinsamen Rasse, so wird Sprache nun und bleibt durch mannigfache Schicksale hindurch die eigentlich aufbauende Tatsache des Geistigen eines Volkstums."[155]

Die Verknüpfung der beiden an sich gegensätzlichen Ideologien wurde also mit relativ geringem Aufwand und mit Hilfe von bürgerlichen Sprachtheoretikern wie Weisgerber und Schmidt-Rohr zügig durchgesetzt. Unter der rechtfertigenden Behauptung, Sprache sei Ausdruck der Rasse, konnten große Teile der bisherigen Ansichten über Sprache beibehalten werden.

Zusammenfassend kann festgestellt werden, dass die Konflikte zwischen Sprachpflegern und Nationalsozialisten in erster Linie nicht aus den gegensätzlichen sprachtheoretischen Positionen (Rasse vs. Sprache) resultierten, sondern daraus, dass die faschistische Führung ihr Sprachhandeln gegen ein entgegengesetztes, bürgerliches Sprachideal durchsetzte. Während sich die nationalsozialistischen Ideologen mit einer allgemeinen, rassistischen Überdachung des theoretischen Muttersprachenkonzepts zufrieden gaben, wurde die Praxis des Fremdwortpurismus' per Führererlass unterbunden.

153  Stroh, zit. nach Simon 1979, 161.
154  Aus *Muttersprache*, zit. nach von Polenz 1966, 86.
155  Panzer 1937, zit. nach Ahlzweig 1989, 51.

## 2.3 Die nationalsozialistische Wochenzeitung „Das Reich"

Die Wochenzeitung „Das Reich" erschien vom 26. Mai 1940 bis zum 15. April 1945 im „Deutschen Verlag", Berlin.[156] Sie umfasste zunächst 32 Seiten, später auf Grund der Papierknappheit 16 und 1945 nur noch acht Seiten. Die Startauflage war auf 300.000 Exemplare festgesetzt worden, sie steigerte sich jedoch rasch und hatte ihren Höhepunkt 1943 mit 1,421 Millionen gedruckten Zeitungen. Damit erreichte „Das Reich" eine Verbreitung, die dicht hinter der Gesamtauflage des „Völkischen Beobachters" lag, der von Pflichtbezug und Parteiamtlichkeit lebte. Die Zeitung war eines der erfolgreichsten Zeitungsprojekte des Dritten Reichs, wenn nicht sogar das erfolgreichste. Sie wurde zur meistgelesenen Zeitung des Offizierskorps und zum Lieblingsblatt der bürgerlichen Intelligenz, allein in der Schweiz soll das Blatt 50.000 Abonnenten gehabt haben.[157]

Die Idee für die Wochenzeitung „Das Reich" stammte aus der Umgebung des Reichsleiters für die Presse der NSDAP, Max Amann. Dessen Stabsleiter im Verwaltungsamt, Rolf Rienhardt, verfolgte den Plan einer „geistigen Vertiefung des Nationalsozialismus". Seine Ideen vom nationalsozialistischen Staat ähnelten der „bourgeoisen Abweichung" Gregor Strassers in der letzten Phase: eine Art autoritärer Ständestaat mit der „rechten Mitte" als Basis. Ganz diesen Vorstellungen entsprach sein Konzept für eine neue, anspruchsvolle und „bürgerliche" Wochenzeitung. Die Auswahl der Journalisten sollte nach Qualifikation und nicht nach Parteizugehörigkeit vorgenommen werden, um ein hohes journalistisches Niveau zu gewährleisten. Schwerpunkte legte er auf die Rubriken Auslandsberichterstattung und Feuilleton. Auf die Veröffentlichung von Nachrichten sollte weitestgehend verzichtet, Analysen und Kommentare stattdessen in den Vordergrund gerückt werden.[158]

Reichspropagandaminister Goebbels war von dem Konzept der Zeitung „begeistert", wie Rienhardt berichtete. Er hatte wenige Veränderungsvorschläge, bis auf einen schwerwiegenden: Er bat sich aus, die Leitartikel selber zu schreiben. Dem stimmte Rienhardt – wenn auch widerstrebend – zu, sodass Goebbels ab Jahresanfang 1941 regelmäßig Artikel in der Zeitung veröffentlichte.[159] „Das

---

156 *Das Reich*, 1940-1945, Berlin. Bei Verweisen auf einzelne Artikel werden Kürzel verwendet, die sich auf das Literaturverzeichnis beziehen.
157 Vgl. Müller 1964, 7.
158 Vgl. ebenda, 7-10.
159 1940 schrieb Goebbels lediglich vier Beiträge, die meisten anderen der Hauptschriftleiter Eugen Mündler. Goebbels veröffentlichte insgesamt ca. 200 Leitartikel in „Das Reich" und schwieg nur bei misslichen oder unübersichtlichen politischen Situationen oder aus persönlichen Gründen (bei Krankheit). Vgl. Kessemeier 1967, 141-142.

Reich" bot ihm, der seine Leitartikel mit „Reichspropagandaminister Dr. Goebbels" unterschrieb, endlich eine Plattform, um auch jene Gruppen zu erreichen, die er bisher noch nicht genügend ansprechen konnte: die bürgerliche Intelligenz in Deutschland sowie die neutralen und feindlichen Staaten. Anscheinend schmeichelte es ihm auch, in einer Zeitung zusammen mit angesehenen Journalisten internationalen Formats schreiben zu können.

Die Zeitung wurde von den Weisungen der Reichspressekonferenz befreit und auch der Chefredakteur übte keine Zensur aus, obwohl „Das Reich" ansonsten den gleichen Beschränkungen ausgesetzt war, wie die gesamte deutsche Presse. Die Mitarbeiter der Zeitung kamen von liberal-konservativen Zeitungen wie dem „Berliner Tageblatt", der „Frankfurter Zeitung" und der „Deutschen Allgemeinen Zeitung", wie zum Beispiel Margret Boveri (amerikanische Politik), Friedrich Markus Huebner (Auslandskorrespondent Den Haag) und Carl Linfert (Leiter des Feuilleton). Rienhardt suchte besonders nach Journalisten, deren Schreibstil und Ansichten bürgerlich, wenn nicht sogar ein wenig unabhängig geblieben waren. Viele der Autoren schrieben nach 1945 wieder für konservative Zeitungen.[160] Eine Reihe von Mitarbeitern spielten in der späteren Bundesrepublik eine Rolle im öffentlichen Leben, an erster Stelle ist hier Theodor Heuß zu nennen, ferner Lothar Günther Buchheim, Joachim Fernau und Werner Höfer. Der Bundestagsabgeordnete der CDU, Erich Peter Neumann, hat bei der Zeitung seine Frau Elisabeth Noelle, Mitbegründerin des Allensbacher Instituts für Demoskopie, kennen gelernt. Darüber hinaus arbeiteten angesehene Schriftsteller, Wissenschaftler und Karikaturisten für „Das Reich".[161] Die erkennbaren Nationalsozialisten waren in der Minderheit geblieben. Auch die Mitarbeiterliste spiegelt das Konzept Rienhardts wider, die Reste der renommierten bürgerlichen Presse der Weimarer Republik für die Bedürfnisse des nationalsozialistischen Staates zu instrumentalisieren.

Auf die Zielgruppe „bürgerliche Intelligenz" wurde auch der Name der Zeitung abgestimmt. Goebbels favorisierte zunächst, weil er weniger offiziell klang, den Titel „Deutsche Zukunft", der von einem älteren, rechtsintellektuellen Blatt

---

160 Zum Stab der „Frankfurter Allgemeinen" zählten die früheren „Reich"-Mitarbeiter Alfred Rapp, Hermann Poerzgen und Eberhard Schulz, zur „Kölnischen Rundschau" kam Friedrich Markus Huebner; Werner Fiedler wurde Herausgeber der Berliner CDU-Zeitung „Der Tag".
161 Zum Beispiel die Schriftsteller Oskar Loerke, Wolfgang Koeppen, Ernst Jünger, Werner Bergengruen, Wolfgang Weyrauch und Luise Rinser; die Wissenschaftler Eduard Spranger, Max Bense und Carl Schmitt; der Verleger Hans Rössner; die Karikaturisten E. O. Plauen und Paul A. Weber. Vgl. die Mitarbeiterliste bei Müller 1964, 12 und 21-27.

stammte. Der Begriff *Reich* war im deutschen Bewusstsein jedoch verbunden mit etwas „Höherem", mit Würde und mit historischem Reichtum. „Wenn irgendwo, dann sah das idealistische Bürgertum im *Reich* den Ort, wo das Schöne und das Gute zusammentreffen."[162] Der Name stand für das Programm: „Das Reich" kann als ein Zeitungsprojekt dargestellt werden, das auf hohem Niveau Propaganda von bürgerlichen Journalisten für bürgerliche Rezipienten zum Ziel hatte.

## 2.4  Brüche oder Kontinuitäten?

Aus diesem Profil der Neugründung „Das Reich" wurden verschiedene Schlussfolgerungen über die sich daraus ergebenden inhaltlichen Konsequenzen gezogen. Pieper kam zu dem Ergebnis, dass in der Zeitung „nationalsozialistische Inhalte in tradierter bürgerlicher Form zum Ausdruck gebracht wurden."[163] Sicherlich wurde die bürgerliche Form, das heißt der bürgerliche Schreibstil sowohl von bürgerlichen als auch von nationalsozialistischen Journalisten gepflegt. Von der Anlage der Zeitung her erscheint es aber eher fragwürdig, ob sich hinter der traditionellen, bürgerlichen Fassade wirklich überwiegend neue, nationalsozialistische Inhalte verbargen.

Anders lautet die Einschätzung einer ehemaligen Mitarbeiterin der Zeitung, Margret Boveri, die rückblickend von dem Versuch spricht, die „schmale Marge an Freiheit" zur Tradierung alter Werte zu nutzen.[164] Nicht allein die überlieferte Form, auch die traditionellen Überzeugungen sollten nach dem Willen der bürgerlichen Journalisten so weit, wie es eben möglich war, in die Zeitung einfließen. Die teilweise Aufhebung der Zensur, eine Minderheit von Nationalsozialisten in der Redaktion und ein in den Kriegsjahren nicht im Mittelpunkt stehendes Thema *Sprache* lassen keine strikt rassistisch-nationalsozialistische Auffassung von Sprache erwarten, besonders nicht, wenn Autoren und anvisierte Leserschaft größtenteils ein deutsch-national ausgerichtetes Wissenssystem *Sprache* verinnerlicht hatten. Daraus ergibt sich folgende zu erhärtende These: Die Sprachauffassung in der Zeitung „Das Reich" wird nicht die nationalsozialisti-

162  Müller 1964, 5.
163  Pieper, Ingrid 1973. Das Reich, in: Heinz Dietrich Fischer (Hrsg.), *Deutsche Zeitschriften des 17. bis 20. Jahrhunderts*, Pullach bei München, 428.
164  Zitiert nach Müller 1964, 14. Boveri hat ihre journalistischen Erfahrungen während des Dritten Reichs in einem Buch über das „Berliner Tageblatt" festgehalten: Vgl. Boveri, Margret 1965. *Wir lügen alle. Eine Hauptstadtzeitung unter Hitler*, Olten/Freiburg, 190-195 und 710-714.

sche Haltung widerspiegeln, sondern wird der bürgerlichen Sprachauffassung in ihren verschiedenen, oben skizzierten Ausformungen entsprechen.

Diese These muss jedoch weiter differenziert werden, denn „Das Reich" ist, wie Martens resümiert, keine *bürgerliche* Zeitung, wie etwa das „Berliner Tageblatt" oder die „Frankfurter Zeitung", die ihr Erscheinen im Zuge der nationalsozialistischen Machtfestigung einstellen mussten. „Das Reich" entstammte direkt dem Propagandaapparat und wurde von Goebbels protegiert und gefördert. Sie war eine *nationalsozialistische* Zeitung mit bürgerlichen Journalisten und Lesern. Während das Verschonen der bürgerlichen Zeitungen nach 1933 zunächst Kontinuität beweisen sollte, diente die Herausgabe von „Das Reich" nach der Machtkonsolidierung einer besser gesteuerten Einflussnahme auf die bürgerliche Intelligenz.

Als Produkt der nationalsozialistischen Propaganda werden die Inhalte deshalb genau mit der nationalsozialistischen Ideologie korrelieren. Das Zentrum dieser Ideologie bildet „ohne Zweifel die Praxis der politischen Gewalt um jeden Preis."[165] „Das Reich" sollte durch die Einbindung der bürgerlichen Intelligenz seinen Teil dazu beitragen. Kann dieses Ziel aber nicht am einfachsten dadurch erreicht werden, dass die vorhandenen bildungsbürgerlichen Wissensbestandteile mit der nationalsozialistischen Herrschaft verbunden werden? „Das Reich" wird das bürgerliche Wissenssystem *Sprache* deshalb propagieren, um bürgerliches und nationalsozialistisches Denken und Handeln in Einklang zu bringen und den potenziellen Widerstand dieser gesellschaftlichen Gruppe zu absorbieren. Die Propagierung nicht genuin nationalsozialistischer, sondern traditioneller bürgerlicher Anschauungen wird damit zum Stützpfeiler eines Systems, welches unter den Bedingungen der Massenpartizipation den Machterhalt um jeden Preis verfolgt.

Die Übernahme bürgerlicher Wissenselemente wird aber nur insoweit zugelassen worden sein, als sie die Praxis der politischen Gewalt inhaltlich nicht gefährdete. Elemente des Wissenssystems *Sprache*, die beispielsweise dazu geeignet waren, die nationalsozialistische Führung zu denunzieren, werden nicht in einer nationalsozialistischen Zeitung publiziert worden sein. Dabei sei besonders auf die Auseinandersetzung um den nationalsozialistischen Fremdwortgebrauch verwiesen, die im Zentrum des Konflikts zwischen dem Sprachverein und der Führung stand. Bei denjenigen Teilen der bürgerlichen Sprachauffassung, die das Propagandainstrument *Sprache* einschränkten, also die sprachpraktischen

---

165 Ehlich 1989, 16.

Aspekte des bürgerlichen Sprachideals, wird eine Tradierung alter Werte in einem weitaus kleinerem Maße erfolgt sein.

Zu erwarten ist also ein vielschichtiger, dem jeweiligen Thema angepasster Umgang mit altem bürgerlichen und neuem nationalsozialistischen Wissen. Neben der reinen Wiedergabe bürgerlicher Inhalte – sei es mit, sei es ohne Konfliktstellung zum Nationalsozialismus – auf der einen Seite und den Postulaten nationalsozialistischer Weltanschauung auf der anderen Seite ist besonders auf die Vermischung, ja die Verschmelzung beider Denkzusammenhänge zu achten. Die verschiedenen Formen, wie Brücken zum anderen System geschlagen werden, sind von Interesse, zum Beispiel über gemeinsame, zugrunde liegende Denkstrukturen, über wenn auch unterschiedlich begründete, so doch gleichartige Ziele in der Politikausführung oder über die Verwendung von ideologischen Kernbegriffen aus dem fremden Wissenssystem. Eine Vielfalt solcher Verbindungen sind in „Das Reich" zu erwarten.

Die sprachtheoretischen Erörterungen (Konfliktlinie 2) werden eher von einer Kontinuität des bürgerlichen Sprachverständnisses geprägt sein, während die Sprachpraxis (Konfliktlinie 1) eher Brüche des Wissenssystems aufweisen wird. Die modifizierte These lautet: Da „Das Reich" als nationalsozialistische Zeitung ausschließlich der Erhaltung der politischen Macht dient, wird es erstens seine bürgerlichen Journalisten prinzipiell ein gemäßigtes Muttersprachkonzept zur Einbindung der bürgerlichen Intelligenz vertreten lassen, sofern dies zweitens der Praxis der politischen Gewaltausübung nicht entgegengesetzt ist.

# 3 Sprache in der Zeitung „Das Reich"

Bei der Entscheidung für eine Analysemethode des Sprachverständnisses in der Zeitung „Das Reich" boten sich mehrere Ansätze an, bei denen es Vor- und Nachteile abzuwägen galt. Da diese Arbeit das Zusammentreffen zweier verschiedener Weltansichten beleuchten will, drängt sich zunächst die Einteilung in nationalsozialistisches und bürgerliches Sprachverständnis auf, untergliedert nach verschiedenen Stufen des Reinheitsgrades der Ideologie beziehungsweise der Vermischung mit fremden Argumenten. Diese auf dem formalen Faktor der Herkunft des Wissens beruhende Struktur hätte jedoch den Nachteil, dass häufig Einzelheiten aus dem größeren gedanklichen Zusammenhang gerissen werden müssten und die Argumentationslinien verschwimmen würden. Bei der ohnehin nur schwer fassbaren Flut an Einzelaspekten, aus denen das Sprachverständnis zusammengefügt werden muss, wäre dies bei der Analyse der Zeitung ein deutliches Manko.

Eine Systematisierung auf der Basis allein von inhaltlichen Aspekten des Sprachverständnisses (grammatische Themen, sprachphilosophische Themen, sprachdidaktische Themen, etc.) würde die Breite der Beschäftigung mit Sprache in der Zeitung „Das Reich" aufzeigen, entspräche aber wiederum nicht vollständig dem Erkenntnisinteresse. Die verschiedenen Prozesse des Verschmelzens der Ideologien sollten auch im Detail beobachtet werden: In ausgewählten Artikeln sollten die verschiedenen möglichen Formen der Vermischung von Wissensbeständen im Einzelnen examiniert werden – oder gegebenenfalls auch deren Vorkommen in reiner Form. Eine konsekutive Analyse beider Aspekte bietet keine Lösung, da sich eine Vielzahl von Überschneidungen nicht vermeiden ließe.

Gewählt wurde deshalb ein ‚amalgamierender' Ansatz, der auf einer systematischen inhaltlichen Analyse aufbaut. Anschließend an die Ausführungen zum Konzept der Muttersprache wird der Untersuchungsgegenstand in die beiden dort entwickelten Konfliktlinien gegliedert. In jeweils vier Unterpunkten werden die in den Artikeln dargelegten Anschauungen zum Thema Sprache näher untersucht. Die Abfolge wurde – wo dies inhaltlich möglich war – so gewählt, dass ein gleitender Übergang von bürgerlichen Anschauungen über die Vermischung der Anschauungen bis hin zu eher nationalsozialistischen Positionen geschaffen wird. Die meisten Kapitel werden von Zitaten eingeleitet, die auf die Rekonstruktion des Wissenssystems *Sprache* im zweiten Kapitel zurückverweisen und so die spezifischen Problematiken der beiden Konfliktlinien noch einmal vor Augen führen.

Um das Aufeinandertreffen von Wissenselementen in Nahaufnahme sichtbar zu machen, werden in sechs Exkursen besonders aufschlussreiche Beispiele für das Einfließen bürgerlicher Wissenselemente in „Das Reich" näher dargestellt. Diese so genannten ‚Fokus'-Kapitel sind inhaltlich lose mit den vorgehenden verbunden und untersuchen detailliert – zumeist nur an einem Artikel – die zugrunde liegenden Verbindungen zwischen dem alten, tradierten und dem neuen, nationalsozialistischen Wissenssystem.

Die Analyse orientiert sich dabei in ihrem Aufbau an der Struktur des bürgerlichen Wissenssystems *Sprache*. So gibt es ein Kapitel „Sprache und Geist", aber kein Kapitel „Sprache als politisches Instrument", welches dem nationalsozialistischen Sprachverständnis nahe stehen würde. Die Perspektive wurde also so gewählt, dass tendenziell eher die bürgerlichen Anschauungen in das Scheinwerferlicht geraten, als spezifisch nationalsozialistische.

Bei der Bewertung darf dieses nicht unberücksichtigt bleiben; der Ansatz ist nicht vollkommen ausgewogen und unterstützt die Stoßrichtung der Untersuchung. Trotz dieser Einschränkung wurde die Herangehensweise nicht unbegründet gewählt: Das nationalsozialistische Sprachverständnis ist gerade im theoretischen Teil nur ein peripherer Bestandteil der dominierenden Rassenideologie und bildete sich in Reaktion auf das vorhandene bürgerliche Sprachideal. Das Verständnis von Sprache in seiner Komplexität lässt sich nur untersuchen, legt man der Analyse das umfangreiche bürgerliche Wissenssystem *Sprache* zugrunde.

## 3.1 Konfliktlinie 1: Sprachkritik vs. Sprachverwendung

Der Kritik an offizieller Sprache, die ihren Ursprung im bürgerlichen Sprachideal des 19. Jahrhunderts hatte, waren nach 1933 durch die Sprachpraxis der „nationalen Bewegung" und konkret durch den Führererlass deutliche Grenzen gesetzt worden. Setzten sich daraufhin in der Zeitung „Das Reich" die sprachpragmatischen Anschauungen des Reichspropagandaministers durch oder gab es dort einen gewissen Freiraum für die traditionellen bürgerlichen Überzeugungen?

## 3.1.1 Das Sprachideal

> Der Werthschätzung und Heilighaltung unserer deutschen Muttersprache.
>
> Schleicher, 1860

> Eine grammatisch reine und richtige Sprache, ein leichter, flüssiger Stil, ein einfacher, klarer, übersichtlicher Satzbau [...], der zutreffendste, knappste, sauberste Ausdruck.
>
> Wustmann, 1891

> Reinheit, Richtigkeit, Deutlichkeit und Schönheit.
>
> Dunger, 1922

Das bürgerliche Sprachideal basierte auf den Tugenden der *Reinheit* und *Klarheit*, die den nationalsozialistischen Sprachkriterien, in der Hauptsache *Einprägsamkeit* und *Überzeugungskraft*, deutlich zuwiderliefen. Die Autoren in „Das Reich" teilen in ihrer großen Mehrheit die traditionelle bürgerliche Sprachansicht.

Die meisten Texte treffen eine Unterscheidung zwischen richtiger und falscher Sprache, edler und gewöhnlicher Ausdrucksweise, verkrüppelten und gesunden Formulierungen. Ein Autor nennt die Attribute „klar und deutlich, einfach und allgemeinverständlich" (DR 44/49). Wörter wie „Inangriffnahme" und „Inbetriebsetzung" würden „abstoßen" und müssten deshalb als „falsche Hauptwörter" bezeichnet werden; der Infinitiv sei eine „unedle Verbform", seine Verwendung sollte eingeschränkt werden (DR 41/4a). Die „Wohlfahrt" der „Volkssprache" stehe auf dem Spiel, wenn im Rundfunk Begriffe wie „Feindverluste" und „Schlechtwetter" benützt würden (DR 42/1). Das ideale Wort sei der „Ausdruck, der das Gemeinte voll und ganz trifft und mit dem allein es getroffen werden kann" (DR 41/33), die Sprache solle ein Verständigungsmittel „voll Eindeutigkeit" sein (DR 41/6a).

Es wird davon ausgegangen, dass Begriffe feste, eindeutig umgrenzte Bedeutungen haben. So beschäftigen sich verschiedene Artikel mit Betrachtungen über die genaue inhaltliche Abgrenzung von Ausdrücken, die zumeist aus dem Sprachumfeld des Krieges stammen (Tod, Ende, Sterben, Opfer).[166] Durchgehend wird die Sprachreinheit als Ideal angegeben, wobei Sprachreinheit zumeist als fremdwortfrei aufgefasst wird.[167] Das „Elsässer Dytsch" wird als vorbildhaft

---

166  Vgl. dazu die begriffsdefinitorischen Artikel in „Das Reich": DR 40/13b,15,17,27; DR 41/33,52; DR 42/14; DR 45/10.
167  Siehe hierzu die Kapitel 3.1.6 und 3.1.7.

beschrieben, weil es „erstaunlich rein geblieben" sei, „reiner als manche innerdeutsche Mundart" (DR 40/6).

Um dieses Sprachideal zu erreichen, müssten die Deutschen stärker ihr
*Sprachgefühl* schärfen. Es zeige sich neben einer anwachsenden „Wortver-
armung noch zusätzlich der ständig zunehmende Verfall unseres Sprachgefühls"
(DR 45/10). Das *Sprachgefühl* solle „vertieft geläutert und verfeinert" werden,
denn „es gilt, jene sprachlichen Sünden wieder gutzumachen, die der Intellekt
seit hundert Jahren im Namen der Zivilisation begangen hat" (DR 42/8).[168]

Auch in den Leserbriefen wird übereinstimmend dieses Sprachideal vertreten: Wörter sollten „das Wesentliche bezeichnen", dazu „eindeutig", „klar",
„einfach" und „plastisch" sein (DR 40/13b, 15). Die Leser fühlen sich dazu aufgefordert, auf „sprachliche Unarten und Auswüchse des Sprachgebrauchs" aufmerksam zu machen, denn das „Sprachgefühl stumpfe in bedenklichem Maße
ab" (DR 40/22a). So dichtet ein Professor „wider das ‚Erhebliche'" (DR 40/
22b):

> So bleib ich treu dem Sprachgebrauch,
> Den unsre lieben Ahnen pflogen.
> Drum bitt ich: sei mir doch gewogen
> Und gib recht herzhaft einen Tritt
> Dem faulen Zauber! Weg damit!
>
> Dir ist – sonst schrieb ich zwar vergeblich –
> Doch gutes Deutsch nicht „unerheblich"!?

Wie dieser Leser für den Sprachgebrauch der „Ahnen" eintritt, so wird auch in
vielen journalistischen Artikeln eine Bewertung von Sprache nach diachronen
Gesichtspunkten vertreten. Die Handwerkersprache wird beispielsweise als die
„treueste Bewahrerin alten deutschen Sprachgutes" gelobt, der „ursprüngliche
Sinn eines Begriffes" wird als der „echte" Sinn aufgefasst (DR 45/10).

Für die meisten Autoren der Zeitung „Das Reich" ist die Muttersprache etwas
Höhergestelltes, eine Instanz, an der die Deutschen „innigen Dienst" zu leisten
haben. In der Tradition, dass Sprache nicht als Prozess aufgefasst wird, der Veränderungen unterworfen ist, sondern reifiziert als ein deutsches Nationaldenk-
mal verstanden wird, muss dieses „bewußt gehandhabt" und gepflegt werden
(DR 40/10a). Die deutsche Sprache sei „eine der elementarsten gemeindeut-
schen Verpflichtungen" (DR 40/8), weshalb auch jene angegriffen werden, die

---

168  Vgl. dazu DR 41/22a sowie zur Kontinuitätslinie von *Sprachgefühl*: Dunger, Hermann
1922. *Zur Schärfung des Sprachgefühls*, 6. Auflage, Berlin.

ihre „Muttersprache verleugneten" (40/18b). Die Thesen vom Sprachverfall und der Aufruf zur Sprachpflege werden häufig verbunden mit dem Hinweis auf die enge Verbindung zwischen der Sprache eines Volkes und dessen Geist:

> Wer mit Bedauern sieht, wie unser sprachlicher Ausdrucksschatz verkümmert und verarmt, wie er immer papierener wird, der fühlt die gemeinsame Verpflichtung, einer fast unaufhaltsam weitergreifenden Sinnentleerung deutscher Worte entgegenzuarbeiten und zugleich an Beispielen wie dem hier zufällig gebotenen zu zeigen, wie mit jeder Erschließung eines Wortes weite Bezirke unseres gesamten geistigen und völkischen Lebens miteröffnet werden (DR 45/10).

Wenn auch das bürgerliche Sprachideal deutlich überwiegt, so lassen sich doch ebenfalls Elemente der nationalsozialistischen Sprachideologie finden. Insgesamt kann ein stärkeres Interesse an der Wirkung von Sprache festgestellt werden als etwa in der Zeitung „Muttersprache". Neben der traditionellen, diachronen Bewertung von Sprache werden auch synchrone Aspekte angesprochen. Der Kommunikationsaspekt von Sprache steht mehr im Vordergrund; es wird beschrieben, welche Kraft das Wort „einer Persönlichkeit" auf den Hörer ausüben kann:

> Können wir uns denken, daß [...] Volksmassen aufgeboten, Gefolgschaften zusammengeschweißt, Heere begeistert, Gesinnungen umgewandelt, Kreuzzüge ins Werk gesetzt werden ohne die Magie des Wortes? [...] Cäsar schlug eine Meuterei mit einem einzigen Worte nieder, indem er seine unzufriedenen Soldaten mit „Quiriten!" ansprach (DR 43/3).

Diesen neuen Aspekt der Sprachbetrachtung zeigen schon die Titel der Artikel, die sich etwa mit „Sprechen und Tun" (von Carl Linfert, DR 43/43) oder der „Magie des Wortes" (von Emanuel Urbas, DR 43/3) auseinandersetzen.

Diese Betrachtungsweise von Sprache bleibt jedoch deutlich in der Minderheit, die Mehrheit der Journalisten und alle Leserbriefe sind einem Sprachverständnis verpflichtet, das seine Wurzeln im bürgerlichen Wissenssystem *Sprache* hat.

### 3.1.2 Fokus 1: „Was ist ein Opfer?"

Mit dem Aufsatz „Was ist ein Opfer?" hat Goebbels einen besonderen Artikel zum Thema ‚Sprachpflege' in „Das Reich" veröffentlicht (DR 41/52). In diesem Leitartikel, seinem einzigen, der sich mit Sprache befasst, nennt er „Prägnanz und Schlagkraft" als die wichtigen Merkmale einer Sprache. Damit befindet er sich im Einklang mit der nationalsozialistischen Ideologie, welche die „Bewegung der Massen" als die Hauptfunktion von Sprache ansieht. Er knüpft zwar nicht an das bürgerliche Sprachideal von Reinheit, wohl aber an das von Deutlichkeit an.

„Worte und Begriffe", konstatiert Goebbels, „verlieren manchmal ihren eigentlichen Sinn." Es sei zu „beobachten, daß bestimmte Begriffe durch zu häufigen Gebrauch abgenutzt werden und wir dann, wenn wir sie wirklich einmal zum Ausdruck bringen wollen, dafür keinen passenden Ausdruck mehr zur Verfügung haben." Die bürgerliche Anschauung, ein Ausdruck müsse klar sein und „das Gemeinte voll und ganz treffen", sowie Goebbels' Ansicht, ein Ausdruck müsse prägnant sein, liegen hier sehr nah beieinander. Zudem greift Goebbels an dieser Stelle, wenn auch modifiziert, das bürgerliche Motiv des Sprachverfalls auf. Doch der nationalsozialistische Propagandaminister fühlt sich nicht dem Sprachideal der Deutlichkeit verpflichtet, seine Überlegungen basieren auf der Frage, wie das Machtinstrument Sprache so scharf und wirkungsvoll wie möglich gehalten werden kann: „Parolen, die gestern noch eine Welt in Bewegung setzten, sind heute schon dabei, in den Umgangsjargon überzugehen", klagt Goebbels.

Er will die Sprache pflegen, indem er Begriffe vor der Aufnahme in die Sprache „der Alltäglichkeit" schützt, um sie ausschließlich für „Fragen des nationalen Schicksals" zu reservieren. Das Wort *Opfer* sei der Sphäre des Militärischen vorbehalten, während der Zivilbevölkerung lediglich *Einschränkungen* oder *Entsagungen* auferlegt seien. Goebbels sprachpflegerische Absichten speisen sich aus Befürchtungen über die negative Wirkung von Sprache. Sie dienen dem Zweck des Machterhalts, denn mit den sprachlichen Reflektionen zum Begriff *Opfer* wird der Leser auf die zweite Hälfte des Krieges vorbereitet. Der Sorge, dass es bei militärischen Rückschlägen zu Unruhen in der Bevölkerung kommen könnte, wird mit einer sprachlichen Operation begegnet: Wenn es keine *Opfer* bringen muss, sondern nur *Entsagungen* zu leisten hat, wird der Unmut des Volkes geringer sein. Wo ein Begriff fehlt, um die Opfer der Zivilbevölkerung zu beschreiben, wird auch die Kommunikation darüber beschnitten. Im Zweiten Weltkrieg scheint die Deutlichkeit des Begriffs *Opfer* als Gefahr interpretiert worden zu sein, weshalb der Begriff im Schutz der bürgerlichen Sprachideale Deutlichkeit und Klarheit semantisch neu gefüllt werden sollte. Goebbels' Sprachideal bleibt die Schlagkräftigkeit des Kommunikationsmittels, auch wenn seine Argumentation am bürgerlichen Sprachkonzept anknüpft.

### 3.1.3 Hilfsverbkonstruktionen

Saft- und kraftlose Weitschweifigkeiten.

Heintze, 1894

Eine krankhafte Neigung mancher Schriftsteller.

Dunger, 1922

Typische Stilfigur der verwalteten Welt.

Korn, 1958

Die Beschäftigung mit Hilfsverbkonstruktionen in der Zeitung „Das Reich" stellt keine Ausnahmeerscheinung dar, es lässt sich im Gegenteil eine Kontinuitätslinie[169] von den Sprachlehrbüchern im Kaiserreich (Heintze) über die Schriften des Deutschen Sprachvereins während der Weimarer Republik (Dunger) bis hin zur Sprachkritik in der jungen Bundesrepublik (Korn) ziehen. Die Beispiele sind stets die gleichen (*zur Verteilung, Entscheidung, Aufführung kommen, gelangen, bringen*) und auch in ihrer einhelligen Ablehnung sind sich die Autoren einig.

Sprachwissenschaftliche Analysen deuten diese sprachliche Erscheinung heute als eine neue Form der Bildung von Aktionsarten und als Teil des Sprachwandels des Deutschen im ausgehenden 19. und im 20. Jahrhundert.[170] Trotz dieser Relativierung – denn die Tendenz zur Nominalität ist keine Eigenart der nationalsozialistischen Sprache – gilt der ‚nominale Stil' als typisches Kennzeichen für die Sprache des deutschen Faschismus.[171] Hilfsverben unterstützen einen Sprachduktus, der die nominalen Bestandteile eines Satzes höher gewichtet, sodass „die Verbgruppe innerhalb der Gesamtaussage an Gewicht verliert."[172] Wird es in der Zeitung also eine Kontinuität der Kritik an dieser sprachlichen Erscheinung geben, die nicht nur in nationalsozialistischen Reden, sondern auch insgesamt im Verlautbarungsstil von Partei und Verwaltung breite Verwendung fand?

---

169 Vgl. auch Voigt, Gerhard 1974. Bericht vom Ende der ‚Sprache des Nationalsozialismus', in: *Diskussion Deutsch* 5, 449-451.
170 Vgl. ebenda, 450-451.
171 Im Rahmen der Erforschung der Sprache des Faschismus haben dies Seidel/Seidel-Slotty untersucht: Seidel, Eugen/Seidel-Slotty, Ingeborg 1961. *Sprachwandel im Dritten Reich*, Halle, 30-41.
172 Volmert, Johannes 1989. Politische Rhetorik des Nationalsozialismus, in: Konrad Ehlich (Hrsg.), *Sprache im Faschismus*, Frankfurt am Main, 147.

Drei Artikel und ein Leserbrief befassen sich mit den Hilfsverbkonstruktionen (DR 40/12, 18a; DR 41/13, 22a). Aussage und Appell der Texte sind eindeutig: Ohne Ausnahme werden die „Flickverben" kritisiert und als ein Zeichen des fortgesetzten Sprachverfalls in Deutschland gedeutet. Dabei solle in den Augen der wachsamen Autoren doch gerade verhindert werden, dass „auch in diesem Falle das Richtige vor dem Andrang des Falschen das Feld räumen muss."

Falsch seien gebräuchliche Ausdrücke wie „zur Durchführung, Darbietung, Darstellung, Anschauung, [...] Aufführung, Wirkung, Anwendung bringen. Diese pompösen -ungen können auch dazu ,kommen'", heißt es in einem anonymen Artikel der Zeitung. Die Kritik an diesen sprachlichen Erscheinungen lässt an Deutlichkeit nichts zu wünschen übrig: „Wer so spricht, hat Angst vor dem Verb. [...] Diese modischen Universalhilfsverben [...] sind etwas Ausgezeichnetes für die Dummen" (DR 40/18a).

Diese Radikalität überrascht, zeigen die angeführten Beispiele doch die Quelle der Wendungen sehr genau auf: „Feldzüge werden zur Entscheidung, Flugzeuge zum Absturz und Lebensmittel zur Verteilung gebracht" (DR 41/13) sind keine Ausdrücke, die in erster Linie der Alltagssprache entspringen. Der Verfasser des Leserbriefs hat sie dem offiziellen Sprachgebrauch entnommen. In dem Leserbrief wird sogar die Herkunft beim Namen genannt, in einem „Ministerialerlaß" sei der Autor auf die von ihm so geschmähten Formulierungen gestoßen.

Zu einer direkten Kritik oder einem Appell an die „Verursacher" der Sprachverschandelung kommt es jedoch in keinem der Artiekl. Zwei von ihnen bleiben unverbindlich im allgemeinen, unpolitischen Bereich, ein dritter verlagert die Schuldzuweisung ins Persönliche, auf „Menschen, die eine besondere Gabe haben, Betrieb zu machen", solche „Veranstaltungsnaturen" würden sich zunehmend „in der Sprache breit machen" (DR 40/18a). Ein Artikel lässt Kritik an den Herrschenden durchscheinen, jedoch nicht auf der sprachpraktischen Ebene, sondern auf der Gesellschaftsebene, und soll deshalb im Kapitel 3.1.8 analysiert werden.

Der erste Untersuchungsaspekt zeigt damit eine ungebrochene Kontinuität der bürgerlichen Sprachauffassung, die in deutlichem Widerspruch zur nationalsozialistischen Sprachpraxis steht. Dieser Widerspruch wird entweder nicht realisiert (Leserbrief und anonymer Artikel) oder nicht thematisiert (Reifferscheidts Artikel).

### 3.1.4 Metaphern

> Ein besonders übler Fehler ist es aber, wenn das Bild nicht festgehalten
> wird, wenn Bilder, die nicht zueinander passen, vermengt werden.
>
> Heintze, 1894

> Wir vernehmen das Knistern im Gefüge des bestehenden inneren Gesell-
> schaftsvertrages.
>
> Aus einer Hitlerrede, 1937

Der falsche Gebrauch von Metaphern wird wie die Hilfsverbkonstruktion seit
dem Ende des 19. Jahrhunderts von den Sprachkritikern als sprachliche Fehlleis-
tung besonders geschmäht.[173] Und auch bei Metaphern handelt es sich um ein
typisches Kennzeichen nationalsozialistischer Sprachpraxis. Seidel/Seidel-Slotty
stellen fest, dass Metaphern das Gefühl ansprechen und Inhalte unpräzise wie-
dergeben würden. Deshalb seien sie „das gegebene rhetorische Mittel für die
Zwecke, die die im nationalsozialistischen Deutschland gehaltenen Reden"[174]
verfolgten.

Metaphern sind viel enger als die Hilfsverbkonstruktionen mit der nationalsozialistischen Ideologie und der Sprachpraxis der Führung verbunden.[175] Kritik
an diesem Hilfsmittel zur „Bewegung der Massen" erscheint damit weit unange-
brachter.

Das Ergebnis der Analyse der Zeitung „Das Reich" reflektiert diese erhöhte
Wichtigkeit der Metapher für die nationalsozialistische Sprachpraxis. Nur zwei
Artikel von Reifferscheidt (DR 41/36) und Korn (DR 44/1) kritisieren die „Bil-
dervermengung", die anderen beiden Artikel zum Thema (DR 42/21, 43/42) verteidigen die Metapher. Zwei dieser Texte, je ein Artikel der Befürworter und der
Gegner, bleiben unverbindlich und unpolitisch. Korn wählt die Beispiele für seine Stilkritik hauptsächlich aus der Welt der Literatur, wohingegen Wickenburg

---

173 Vgl. Wustmann 1891, 290-291; Wustmann, Gustav 1903. *Allerhand Sprachdummheiten*, 3. Auflage, Leipzig, 286-288; Dunger 1922, 56.
174 Vgl. Seidel/Seidel-Slotty 1961, 9-11.
175 Vgl. dazu die frühen Untersuchungen zur Sprache des Faschismus von Bein, Alexander
1965. „Der jüdische Parasit". Bemerkungen zur Semantik der Judenfrage, in: *Vierteljahreshefte für Zeitgeschichte* 13, S. 121-149 und Dahle, Wendula 1969. *Der Einsatz einer Wissenschaft. Eine sprachinhaltliche Analyse militärischer Terminologie in der Germanistik 1933-
1945*, Bonn; sowie die neueren Arbeiten von Volmert 1989, 154-157 und Bering, Dietz 1991.
Sprache und Antisemitismus im 19. Jahrhundert, in: Rainer Wimmer (Hrsg.), *Das 19. Jahrhundert. Sprachgeschichtliche Wurzeln des heutigen Deutsch*, Berlin/New York, 345-349.

eine allgemeine Darstellung des Schreibvorgangs gibt. Die beiden anderen Artikel jedoch berühren die nationalsozialistische Sprachpraxis unmittelbar.

Reifferscheidt nimmt eine Rezension über das „Jahrbuch der deutschen Sprache" zum Anlass, um sich ausführlich mit der Metapher zu beschäftigen (DR 41/36). Er kritisiert bei den Autoren des Buches „eine übertriebene Lust am Bild" und die Unfähigkeit, Metaphern korrekt zu verwenden. Politische Brisanz gewinnt der Text dadurch, dass er Metaphern aus genau jenen Bereichen kritisiert, aus denen die nationalsozialistischen Redner bevorzugt ihre Wendungen nahmen: Technik und Biologie.[176] „Vor allem" will er vor der „sogenannten Maschinenmetapher" warnen, „die sich bei jeder Gelegenheit aufdrängt."

Doch nicht nur das, sich von der Rezension immer weiter entfernend nimmt er eine auffällige Verallgemeinerung der Personengruppe vor, an deren Sprachgefühl er appelliert. Erweitert er seine Anklage zunächst auf alle „Leute, die anderen vordenken möchten", so spricht er später sogar gezielt Redner an: „Ein Mann, der öffentlich das Wort ergreift, sollte nie ganz vergessen, daß ihm unter Umständen Jahrtausende zuhören. Er tut keinesfalls gut daran, seine Bilder und Gleichnisse mit Vorliebe den verschiedenen Gebieten der gerade zeitüblichen Warenerzeugung zu entleihen." Diese ironische Kritik steht in bester Tradition der Sprachglossen des Sprachvereins. In dem Appell an die „Vordenker" zeigt sich zudem eine bemerkenswerte Parallele zu der kritischen Haltung des Sprachvereins zum Redestil der nationalsozialistischen Führung kurz nach ihrer Machtübernahme, mit der sich dieser so viel Unmut bei Goebbels zugezogen hatte.

„Wo in Bildern geredet wird, ist meistens mehr Glanz in der Sprache; die Poesie schimmert durch die Prosa hindurch", so wird in einem anderen Artikel, der nur mit dem Kürzel ‚gr' gekennzeichnet ist, die Metapher gelobt (DR 42/21). In einem Frontbericht aus dem Osten habe der Autor den Ausdruck „Kokarde" gefunden. Dies sei ein Begriff für eine Kampfeslage, bei der „zum Beispiel [...] in irgendeinem sowjetischen Dorf eine kleine vorgeschobene Besatzung unserer Truppen vom angreifenden Feinde eingeschlossen wird." In geradezu entwaffnender Naivität stellt er dann fest, was nationalsozialistische Propagandastrategen ebenfalls an diesem Bild loben würden, nämlich dass man diesen Ausdruck „nicht so ohne weiteres versteht." Das tue der Vorteilhaftigkeit des bildhaften Ausdrucks keinen Abbruch, denn er bezeichne „einen komplizierten Zustand mit einem verblüffend einfachen Ausdruck erschöpfend und endgültig."

---

176  Vgl. auch Klemperer, Victor 1975. *LTI*, Leipzig, 196-203.

In der Mitte des Jahres 1942, als der deutsche Angriffskrieg längst zu einem Stellungskrieg geworden war und damit der Bedarf an beschönigenden Vokabeln deutlich zunahm, zeigt der Autor Zweck und Technik nationalsozialistischen Sprachgebrauchs erstaunlich offen. Er analysiert, wie der militärische Zustand mit Hilfe von Bildern beschrieben werden konnte, die erstens nicht verständlich und zweitens vereinfachend waren.

Sowohl Befürworter als auch Gegner der Metapher können ihre gegensätzlichen Meinungen in der Zeitung „Das Reich" vertreten. Doch stützen sich die Autoren ausschließlich auf Argumentationen, die genuin ihrem eigenen Wissenssystem entstammen? Gibt es keine Elemente, die originär dem jeweils anderen Denkzusammenhang zuzurechnen wären?

### 3.1.5 Fokus 2: „Huldigung vor dem Geist unserer Rasse"

Die Positionen, die in den bisher untersuchten Artikeln bezogen werden, lassen sich entweder der bürgerlichen Tradition oder der nationalsozialistischen Sprachideologie zuordnen. In diesem Fokus-Kapitel wird deshalb der Frage nachgegangen, ob nicht auch Verschmelzungen der beiden Richtungen vorkommen. Im ersten Schritt werden Artikel mit grundsätzlich nationalsozialistischer, im zweiten diejenigen mit grundsätzlich bürgerlicher Sprachauffassung untersucht.

Das Ergebnis ist klar: Es lassen sich in den Artikeln, die originär der nationalsozialistischen Sprachposition zuzuordnen sind, deutliche Spuren bürgerlicher Anschauungen finden. So knüpft der Autor des zuletzt besprochenen Artikels, der die Verwendung der militärischen Metapher lobt, an einen bürgerlichen Topos an, auf den sich von Heintze über Wustmann bis hin zu Dunger alle Sprachlehrer bezogen haben: das „Sprachgefühl".[177] So wie sich diese Autoren immer wieder auf das ihnen gegebene Sprachgefühl beriefen, so vereinnahmt auch hier der Journalist seine Leser mit den Worten: „Wer Sinn für Sprache hat, wird seine helle Freude an einem solchen Wort empfinden" (DR 42/21). Aber nicht nur diese Andeutung verweist auf die bürgerliche Tradition, er nennt darüber hinaus auch die üblicherweise von den Sprachpflegern beschworene Gefahr bei Metaphern, nämlich „daß alles in Bilder verquillt, daß die Metaphern jede direkte Aussage überwuchern und unserer Rede oder unserm Geschriebenen über den vielen Bildern die Dinge, über der bloßen Form das feste Sein verlorengehen."

---

177  Vgl. Dunger 1922, 1-51.

Ein noch anschaulicheres Beispiel für diese Verteidigung der nationalsozialistischen Sprachpraxis auf der Basis des bürgerlichen Wissenssystems *Sprache* hält ein Artikel von Wilhelm Ludwig Topitsch bereit, in dem er sich mit dem „Hang und Zwang zur Kürze" beschäftigt (DR 43/33). Der Sprachverein stand der nationalsozialistischen Vorliebe für Abkürzungen von Anfang an ablehnend gegenüber, doch Topitsch sieht die Abkürzungen im Gegenteil „als vollwichtige neue Münze in die Umgangssprache oder gar in den Hort der Schriftsprache" eingehen. Er spricht in seinem Artikel, ganz der offiziellen Sprachpraxis folgend, von der „edlen Kürze". Diese Wertung bezieht er auch auf das für die politische Sprache so wichtige Schlagwort, das nach seinen Worten „wie ein Schlag die Hirne durchzucken soll." Den Abschluss des Artikels bildet ein Satz, der die nationalsozialistische Sprachpraxis nun vollends im Kern trifft: „Denn Wort ist Fackel, die zu Taten leuchtet."

Umso mehr verblüffen die folgenden Aussagen:

> Der barbarisch gedankenlosen, leichtfertigen Sprachverstümmlung der Faulpelze will ich aber nicht das Wort geführt haben. Die Sprache ist eines Volkes heiligstes Gut: uns war sie jahrhundertelang einziges Band über schwärende Grenzen hin, allen Stämmen gemeinsames Unterpfand kommender Einigkeit und Einheit des Reiches. Kein totes Lexikon und keine wassergetriebene Maschinerie – ein Leib von Fleisch und Blut!

Genauso überzeugt wie Topitsch also die nationalsozialistische Sprachauffassung vertritt, bekennt er sich im selben Atemzug zu den Grundsätzen des bürgerlichen Wissenssystems *Sprache*. Und diese gibt er in einer solchen Reinheit und Komprimiertheit wieder, dass man die traditionellen Anschauungen der Sprachpfleger in drei Sätzen nicht besser zusammenfassen könnte. Nationalsozialistische Positionen wurden zwar in „Das Reich" vertreten, aber sie werden nicht ohne starken Rückgriff auf die traditionellen bürgerlichen Sprachauffassungen vorgetragen. Diese dienen den Autoren als Rückversicherung (der Verfasser sei ‚natürlich' nicht für eine weitere Sprachverschandelung), wenn nicht im Einzelfall sogar als Argumentationsstütze.

Bei den Artikeln, die originär der bürgerlichen Sprachauffassung zugeordnet werden können, gibt es diese Verschmelzungen bis auf eine herausstechende Ausnahme nicht. Reifferscheidt, der als Einziger versteckte Kritik an der öffentlichen Sprache im Nationalsozialismus geübt hatte und am konsequentesten die bürgerliche Sprachideologie vertrat, schrieb in seiner „Jahrbuch"-Rezension: Falsche Bilder „vertragen sich aber nicht recht mit dem Zweck des ganzen Vorhabens, mit dem Zweck nämlich der Sprachpflege und der Huldigung vor dem

Geist unserer Rasse." Die Verwendung des *Rasse*-Begriffs ist deshalb so außergewöhnlich, weil der Ausdruck im gesamten untersuchten Textkorpus nur viermal vorkommt. Die Aufnahme dieses „fremden" Ausdrucks in seine ansonsten rein bürgerlichen Anschauungen könnte folgendermaßen zu Stande gekommen sein: Reifferscheidt zitiert, ohne es zu belegen, das ‚Vorhaben' des Herausgebers des Buches, welches dieser als „Huldigung vor dem Geist der Rasse" beschrieben hatte. Er übernimmt den Ausdruck, da er sich geschützt durch dieses Bekenntnis zur Rassenideologie Freiräume für die Kritik an der nationalsozialistischen Sprachpraxis schaffen konnte. Ob oder wie sehr die Anführung des Rasse-Gedankens an dieser Stelle tatsächlich dem Schutz dienen sollte, darüber kann nur spekuliert werden.

Lässt man diese eine Ausnahme beiseite, so kann festgestellt werden, dass die bürgerlichen Wissenselemente nicht mit nationalsozialistischen Ideologemen vermischt wurden, sondern dass die Autoren den traditionellen Argumentationslinien ohne Abstriche treu blieben.

### 3.1.6 Fremdwörter

> Weg mit dem unnötigen Fremdwort!
>> Aus der Zeitschrift des Sprachvereins, 1896

> Der Führer billigt nicht die künstliche Ersetzung längst ins Deutsche eingebürgerter Fremdworte.
>> Führererlass, November 1940

Die Fremdwortproblematik steht im Zentrum der sprachpraktischen Differenzen zwischen Nationalsozialisten und Sprachpflegern. Das oberste Ziel des Sprachpurismus war die Eindeutschung von Fremdwörtern – und wurde von Hitler verboten. Konnten sich bürgerliche Journalisten unter diesen Umständen überhaupt für ihre Sprachauffassung einsetzen?

### Leser-Zuschriften

Zunächst soll der Blick nicht auf die Journalisten, sondern auf die Leser gerichtet werden. Aus den Leserbriefen, die nur eineinhalb Jahre lang und dazu unregelmäßig erschienen, lassen sich einige Rückschlüsse auf das bürgerliche Publikum der Zeitung ziehen. Dies gilt besonders für die Fremdwortfrage, denn von den acht Leserbriefen, die zum Thema Sprache veröffentlicht wurden, befassten sich sechs mit Fremdwörtern (DR 40/13b, 15, 17; DR 40/20). Die Auswertung der Briefe könnte kein deutlicheres Bild ergeben: Alle Leser befürworteten das Verdeutschen.

Bei dieser bemerkenswerten Kontinuität der bürgerlichen Sprachanschauung von Seiten der Leserschaft sind besonders zwei Aspekte interessant. Erstens reagierten die Leser nicht erst auf einen redaktionellen Artikel zum Fremdwort, sie bringen das Thema selber in die Zeitung ein. Ohne dass die Namensfrage vorher angesprochen wurde, fordert beispielsweise ein Leser, dass Luxemburg wieder sein altdeutscher Name *Lützelburg* gegeben werden sollte, nachdem es nun einem deutschen Reichsgau zur Verwaltung übergeben worden war. Einem anderen Leser ist in einem Wirtschaftsartikel das englische Wort *Clearing* aufgefallen, welches einen deutschen Ausdruck verdienen würde. Zu *Clearing* entsteht eine breite Diskussion in der Leser-Zuschriften-Sparte, die sich über vier Wochen hinzieht, doch beide Themen werden von der Zeitung nicht in eigenen Artikeln aufgegriffen.

Zweitens lässt sich auch bei den Lesern eine gewisse Vorsicht beobachten. Der Leser, der die Eindeutschung des Wortes *Clearing* vorschlägt und damit eine Serie von weiteren Leserbriefen auslöst, bemüht sich um eine Eingrenzung auf dieses spezielle Wort. Da es „eine besondere Leistung" darstelle, dass „unser so oft bespötteltes und abgelehntes Zahlungs- und Wirtschaftssystem europäische Geltung erlangt", sei die Eindeutschung in genau diesem Fall „sicher keine übertriebene Deutschtümelei" (DR 40/13b). Denn dagegen hatte sich ja Goebbels in seiner Rede auf der Berliner Festsitzung der Reichskulturkammer am 1. Mai 1937 gewandt: „Unsere heutigen deutschtümelnden Sprachakrobaten vergessen meistens, daß die Deutschheit aus dem Wesen unseres Volkes und nicht aus einer erdachten Theorie abgeleitet werden muß."[178] Unter dem Schlagwort *Deutschtümelei* wurde von Goebbels dasjenige verunglimpft, das zwar nationalistisch, aber eben nicht hinreichend rassistisch-nationalsozialistisch motiviert war. Sprachpuristen waren für eine solche Schmähung aus offensichtlichen Gründen besonders anfällig.

Die sechs Leserbriefe erscheinen innerhalb von nur drei Monaten, zwischen August – wenige Ausgaben zuvor war die Leserbrief-Sparte erst eingerichtet worden – und Oktober 1940, ab November werden keine Zuschriften mehr zu diesem Thema veröffentlicht. Dass es ein Zufall ist, dass im gleichen Monat das Verbot von Fremdworteindeutschungen erlassen wird, kann ausgeschlossen werden. Der Erlass wird der Mehrheit der Leserschaft nicht bekannt geworden sein, und das rege Interesse am Thema wird sich nicht so plötzlich verringert

---

178   Goebbels, zit. nach von Polenz 1966, 94-95.

haben. Die Redaktion hat also die Veröffentlichung von Leserbriefen, welche die sprachpraktische Position der nationalsozialistischen Regierung zu Fremdwörtern nicht teilten, von dem Zeitpunkt des offiziellen Verbots an unterbunden. Gleichzeitig veröffentlichte die Zeitung, trotz des offensichtlichen Interesses der Leser, zunächst keine Artikel mehr zu dem Thema. Es ist anzunehmen, dass die Redaktion das sensible und umstrittene Sujet meiden wollte, sicherlich auch, um es nicht auf eine Auseinandersetzung mit dem Leitartikler Goebbels ankommen zu lassen. Fremdwörter wurden zu einem unerwünschten Gegenstand – doch ein Artikel sollte geeignet sein, den Eifer der Leser für die Fremdwortjagd neu zu entzünden.

### „Die Benennungen sollen deutsche Wörter sein"

Im ersten Halbjahr 1941 erreichten die sprachwissenschaftlichen Diskussionen um die so genannte arteigene Sprachlehre einen Höhepunkt, als das Juni/Juli-Heft von „Deutschunterricht im Ausland" mit Beiträgen von Weisgerber, Schmidt-Voigt, Pfleiderer und Rahn zu diesem Thema vorbereitet wurde.[179] Das Ziel war es, „die Grammatikterminologie auch von den Kategorien her zu erneuern, das heißt, statt der seit dem Humanismus auf die deutsche Sprache übertragenen antiken Kategorien neue Betrachtungsweisen zu finden, die der Struktur der deutschen Sprache angemessen sind."[180] Rahn/Pfleiderer erläuterten ihre Ansichten folgendermaßen:

> Versteht man nun, daß es eine Folge rassischer Bedingtheit ist, wenn der süddeutsche Mensch das Perfekt bevorzugt, während der Norddeutsche eine Vorliebe fürs Imperfekt hat? [...] der norddeutsche Mensch betrachtet Vergangenes aus größerem Abstand, der süddeutsche bezieht aus seiner Naturanlage her schlechterdings alles auf die Nähe seiner Gegenwart.

Sie schlagen als neue Benennungen für das Imperfekt *norddeutsche Vergangenheit*, für das Perfekt *süddeutsche Vergangenheit* vor.[181]

Seine Gedanken zur Reformierung der Tempusbezeichnungen stellt Rahn auch in „Das Reich" vor (DR 41/11). Er führt aus, dass es „34 Termini" für „6 Tempora" gäbe. Die Verwendung der lateinischen Fachbegriffe *Terminus* und *Tempus* zeigt schon, dass Rahn nicht das bloße Eindeutschen von Bezeichnun-

---

179 Vgl. Schümer, Dieter 1979. Franz Thierfelder und „Deutschunterricht im Ausland": Kontinuität und Neuorientierung seit 1932, in: Gerd Simon (Hrsg.), *Sprachwissenschaft und politisches Engagement*, Weinheim/Basel, 214-215.
180 Von Polenz 1966, 88-89.
181 Schümer 1979, 215.

gen anstrebte. Die Begriffe für die Zeiten müssten vielmehr reformiert werden, weil sie nicht nur die Zeitstufen, sondern auch Gleichzeitigkeit, Vorzeitigkeit und Nachzeitigkeit sowie verschiedene Handlungsarten angeben würden. Rahns Argumente sind formaler (Vereinheitlichung der Bezeichnung) und grammatischer Art. Er entwirft einen Anforderungskatalog mit elf Gesichtspunkten für die neue Terminologie und erst im neunten Punkt geht er auf die Fremdwortproblematik ein:

> 9.) Die Benennungen sollen deutsche Wörter sein. Dies ist nicht bloß eine Frage des völkischen Selbstbewußtseins, sondern wird gefordert durch die Sache selbst. Es leuchtet ein, daß deutsche Tatbestände nicht mit Begriffen erfaßt werden können, die lateinischen Sachverhalten ursprünglich entsprachen.

Selbst hier verweist er hauptsächlich auf den grammatisch-inhaltlichen Querstand zwischen „lateinischen Sachverhalten" und „deutschen Tatbeständen". Obwohl Rahn also nicht fremdwortpuristisch argumentiert, ist die Ausrichtung seines Gedankengangs doch anders als im oben zitierten Fachartikel. Das rassische Argument fehlt völlig, die daraus abgeleiteten Vorschläge zur Benennung von Imperfekt und Perfekt (*norddeutsche Vergangenheit*) führt er nicht an, stattdessen schlägt er *Einststufe* und *Ergebnisstufe* vor. Ob bewusst oder unbewusst, Rahn hat sich an sein bürgerliches Publikum angepasst. Davon zeugen auch die beiden folgenden Stellen: „Die Tempora, man erlaube fürs erste den fremdwörtlichen Terminus" sowie „inzwischen ist die Zeit herbeigekommen, da das Deutsche Weltsprache werden soll. Weltsprache werden muß!" Diese Formulierungen, zusammen mit dem Verweis auf das „völkische Selbstbewußtsein", mussten bei den Lesern das Wissenssystem *Sprache* aktivieren und, da die Zeitung nun anscheinend zum ersten Mal zur Fremdworteindeutschung selber aufrief, Begeisterung auslösen.

Der Artikel von Rahn hat eine Flut an Leserbriefen zur Folge. Zwar werden keine Zuschriften veröffentlicht, doch fühlt sich die Zeitung dazu verpflichtet, sechs Wochen später eine „Erwiderung" von Rahn zu bringen, in der er sich mit den Vorschlägen der Leser auseinandersetzt (DR 41/17). Der Artikel beginnt mit den Worten:

> Der harmlose Aufsatz über „Die Benennung der Zeitwortformen" in Nr. 11 „Das Reich" hat eine ganze Schar wackerer Streiter auf den Plan gerufen. Wieviel heiliger Ernst, wieviel Scharfsinn, wieviel heiße Bemühung um Sprache wird uns aus der Fülle der Einsendungen vernehmbar, wie-

viel frisches Draufgängertum, wieviel gute Laune spricht daraus! Es ist nun leider unmöglich, das ganze Ergebnis in seiner Breite vorzuführen.

Fremdworteindeutschung war gegen die Intention des Verfassers und gegen den Willen der Redaktion zum Thema geworden, weil die Resonanz der Leserschaft dies erzwungen hatte. Da die Diskussion um die Benennung der Zeitwortformen nach eineinhalb Monaten immer noch nicht abzuflauen schien und die Zeitung weitere Leserzuschriften nach Rahns Erwiderung befürchtete, sieht sie sich sogar gezwungen, das Thema ausdrücklich für beendet zu erklären. Am Ende des Artikels erscheint der Hinweis:

> Mit dieser zusammenfassenden Antwort von Fritz Rahn auf die sehr zahlreichen Leserzuschriften und Gegenvorschläge müssen wir die Erörterung über das Thema abschließen. Die Schriftleitung.

Aus den vielen Leserbriefen mit ihren Verdeutschungsvorschlägen lässt sich erkennen, wie sehr die Leser der Zeitung auf dem ideologischen Fundament des Fremdwortpurismus standen. Ihre Überzeugungen wurzelten in einer tief verinnerlichten Muttersprachideologie, die das Eindeutschen von ausländischen Begriffen zu einer nationalen Aufgabe und zu einem ‚Volkssport' gemacht hatte. Die bürgerliche Leserschaft suchte in „Das Reich" nach Affirmation für ihre alten Werte und war darum dazu prädisponiert, Rahns Artikel falsch zu interpretieren. Die Reaktion erfolgte deshalb wie ein Reflex. Die Zeitung wiederum bemühte sich, diese Überzeugungen nicht an die Oberfläche dringen zu lassen oder sich selbst gar als Sprachrohr zu positionieren. Doch sie hatte, wenn auch anscheinend gegen ihren Willen, ein Ventil geöffnet, das den nicht-konformen Anschauungen Rechtfertigung und Bestätigung verschaffte.

### „Grenzen des Verdeutschens"
Die Reaktion der Leser hat Rahn offensichtlich überrascht, denn er – oder die Redaktion – sieht sich dazu aufgefordert, das Verhältnis zur Eindeutschung klarzustellen. Fünf Wochen nach seiner Erwiderung veröffentlicht er deshalb eine Glosse zum Thema Fremdwörter (DR 41/22b). Es ist der erste von drei Artikeln, die sich dem Thema nach dem Führererlass widmen.

Rahn geht in seiner Argumentation von dem ideologischen Standpunkt seiner Leser aus: „Also mit dem Fremdwort halte ich es so: ich bin dagegen. Ich vermeide es, wo es irgend geht." Doch mit einem Verweis auf Goethe und Grimm macht er eine Kehrtwendung und warnt davor, dass die Sprache bald von vielen

„schauderhaften Zusammensetzungen für einfache und natürliche fremde Wörter wimmeln" würde. Dem nationalsozialistischen Sprachideal verpflichtet, lobt er die Fremdwörter. Es sei „grad das Feine, daß man es nicht so genau und für gewiß sagen kann", was die Wörter bedeuteten. Um seiner Forderung nach Aufgabe der bürgerlichen Sprachideologie den entscheidenden Nachdruck zu verleihen, macht er die Leser auf den Führererlass aufmerksam: Solchem „Unfug [...] hat ja kürzlich auch die Reichsregierung einen amtlichen Riegel vorgeschoben." Rahn versucht, indem er Elemente des bürgerlichen Wissenssystems *Sprache* aufgreift, personale Miranda wie Grimm anführt und das Verbot der Regierung zitiert, den Rezipienten die offizielle nationalsozialistische Sprachauffassung zu vermitteln.

Auch Wickenburg, der schon in Bezug auf Metaphern eine nationalsozialistische Sprachauffassung vertrat, veröffentlicht drei Jahre später einen Aufsatz (DR 44/37), der – ähnlich wie derjenige Rahns – von bürgerlichem Gedankengut ausgehend gegen das Fremdwort argumentiert: „Vielleicht in keiner Sprache ist so viel tief verborgener Sinn, Mühe und adeliges Gedankengut enthalten." Den längsten Artikel zum Thema verfasste jedoch Reifferscheidt, der in den bisher untersuchten Artikeln fest zu den sprachpraktischen Zielen der Muttersprachideologie stand. Das reine Befürworten von Fremdworteindeutschungen scheint im Oktober 1941, vier Monate nach Rahns Glosse, nicht mehr möglich. Wie verhält sich ein tief in den bürgerlichen Überzeugungen verwurzelter Journalist zum Fremdwort?

### 3.1.7 Fokus 3: „Wir Sprachmenger"

Reifferscheidts Aufsatz „Fremdwort und Sprachreinigung" (DR 41/42) ist eine diffizile Gratwanderung zwischen dem Ziel, traditionelle bürgerliche Werte zu tradieren, und dem Zwang, diese zu kaschieren. Die Tarnung seiner Anschauung bleibt den ganzen Text hindurch oberflächlich, inhaltlich lässt er das überlieferte Wissenssystem *Sprache* nahezu unangetastet.[182]

Er beginnt den Artikel, indem er sich scheinbar von der Idee des Fremdwortpurismus distanziert: „Fremdwortfreie Sprachen gibt es so wenig, wie es etwa Einzelmenschen gibt, die nur aus sich heraus sprechen lernten." Doch damit knüpft er an universalistisches, humboldtianisches Gedankengut an, denn er

---

182  Vgl. hierzu Reifferscheidts Bekenntnis zu den sprachpflegerischen Grundsätzen in seiner während des Dritten Reichs veröffentlichten Monographie: Reifferscheidt, Friedrich M. 1939. *Über die Sprache*, Leipzig, 16-35 und 54.

fährt fort mit der Feststellung, die Sprache sei eine „Grundveranlagung unserer Gattung" und „die Menschheit scheint doch als Ganzes etwas Überpersönliches und Überzeitliches vorzuhaben und bekanntlich gelingen solche Vorhaben nur dann, wenn die Beteiligten treulich zusammenwirken."

Daraufhin beschäftigt Reifferscheidt sich mit zwei Fragen, die seit den Anfängen der Sprachreinigungsbewegung immer wieder gestellt wurden: Was ist überhaupt ein Fremdwort und welche müssen bekämpft werden? Als entscheidendes Element bei der Beurteilung von Fremdwörtern nennt Reifferscheidt den Grad der Assimilation. Als Beispiel führt er die Aufnahme lateinischer Wörter ins Deutsche an:

> Die Germanen, unsere Vorfahren, ließen kaum einen dieser unzähligen fremden Namen zu einem Fremdwort im eigentlichen Verstande werden, sie machten sie alle ohne Ausnahme spracheigentümlich. Sie nahmen die ausländischen Wörter in den Volksmund, und als sie wieder zum Vorschein kamen, waren es deutsch, so deutsch wie auch die anderen alle, die vorher schon zum Bestand ihrer Sprache gehört hatten.

Reifferscheidt teilt die Geschichte in verschiedene Zeitabschnitte ein, in denen die Fähigkeit des Deutschen, Fremdwörter in der eigenen Sprache aufgehen zu lassen, unterschiedlich stark ausgeprägt war. Keltische, römische und griechische Wörter wären vollständig assimiliert worden, etwa *Reich*, *Kampf* und *Groschen*. Später habe die Kraft der deutschen Sprache nicht mehr zur völligen Aneignung ausgereicht, sondern nur noch zu einer oberflächlichen Anpassung. Es entstanden Wörter auf *-ieren*, wie *marschieren* und *buchstabieren*, die „auch nur der als eigentümlich deutsch empfinden wird, dem es an Sprachgefühl mangelt." Im 17. und 18. Jahrhundert, erklärt Reifferscheidt, habe dann die „eigentliche Fremdwortverseuchung" stattgefunden. Wörter seien „völlig ohne Anpassung an die heimische Sprechart" eingegliedert worden, beispielsweise *Chaos*, *Differenz* und *Revolution*.

Danach fährt er mit der Begründung fort, warum Fremdwörter an einer „Volksgemeinschaft" Schaden anrichten: Der Sprachgeist sei ein lebendiger Organismus und die spracheigentümlichen Wörter wären das Blut in den Adern des Körpers. Fremdwörter wären blutsfremde Bestandteile, die in ihrer großen Masse dazu führten, dass der Kreislauf des Organismus mehr und mehr beeinträchtigt und schließlich verstopft würde. Jeder Volksgenosse sollte jedes Wort eines anderen Volksgenossen verstehen können, das, so erläutert Reifferscheidt, sei mit dem Ziel eines geeinten Volks verbunden. Einzelne herrschaftliche oder gelehrte Stände sollten sich nicht durch eine eigene (Fremdwort-)Sprache von der Volksgemeinschaft absetzen. Diese Furcht vor Zurücksetzung und Ausschluss durch die wissenschaftliche Elite ist bei Reifferscheidt, einem freien Publizisten, ein durchgängiges Motiv. Der Gelehrtenstand, führt er aus, lebe „vom übrigen abgekapselt" und borge sich „unablässig nach eigenem Gutdünken" fremde Wörter aus. Diese seien dem „Volksganzen" unverständlich und schädigten damit die „geistige und sittliche Gesundheit" des Volkes. Die Gelehrten seien, häufig zusammen mit den Herrschenden, die Ursache des Übels überhaupt, denn sie bildeten die Einlassstelle für Fremdwörter („am Kopf des Gesellschaftskörpers").

Mit dieser Sprachauffassung greift Reifferscheidt nicht den radikal-chauvinistischen Fremdwortpurismus eines Eduard Engel auf, sondern er rezipiert Elemente des bürgerlichen Wissenssystems *Sprache*, die aus dem 19. Jahrhundert stammen.[183] So sei der Zustand der Spracheigentümlichkeit für die Beurteilung von Fremdwörtern ausschlaggebend, diejenigen Sprachen werden von den bürgerlichen Sprachideologen gelobt, denen es gelingt, Fremdwörter ihrer eigenen Struktur zu unterwerfen.[184] Diese Auffassung lässt sich bis zu Fichte zurückverfolgen, der davon ausgeht, dass „abstrakte" ausländische Wörter in einer Sprache aufgehen, wenn der Begriff selbst ein Teil des Lebens und Denkens des Volkes geworden sei.[185]

Reifferscheidt setzt die inhaltlich positiven, lautlich assimilierten Wörter *Reich* und *Kampf* gegen die inhaltlich negativen, unverändert in die deutsche Sprache übernommenen Wörter *Chaos* und *Revolution*. Mit der Fremdwortreinigung sollen zugleich auch ,undeutsche' Denk- und Handlungsweisen selber (*chaotische* und *revolutionäre* Zustände) abgewehrt werden, denn Sprache und Volksgeist werden als eine Einheit aufgefasst. Reifferscheidt greift hier eine traditionelle Theorie über sprachgeschichtliche Zeitabschnitte auf, die alle Entlehnungen nach 1600 als „tot" bezeichnete, da sie keine deutschen Wurzeln aufweisen würden.[186] Auch Reifferscheidts Ansichten über bestimmte ,undeutsche' Endungen sind allgemeines Gedankengut von Sprachreinigungstheoretikern. Schon Kolbe hatte den „Endling *–iren*" zur Veranschaulichung und Abschreckung vor solchen aus dem Französischen stammenden „widrigen Bildungen" benutzt.[187]

---

183　Vgl. zu dieser Fremdwortauffassung Riegel, Herman 1885. *Der Allgemeine Deutsche Sprachverein*, Heilbronn, 44-49.
184　Vgl. Simon 1989, 59-60.
185　Kirkness 1975, 186-189.
186　Ebenda, 224.
187　Ebenda, 174-175

Es ist erstaunlich, wie vollständig die bürgerliche Sprachideologie, so wie sie im Eingangskapitel für das 19. Jahrhundert dargestellt wurde, von Reifferscheidt wiedergegeben wird:

- der Kampf gegen die fremdwortreiche Sprache der – vormals adligen – Herrschenden,
- ein „kleinbürgerlich-demokratisches Unbehagen am akademischen Fremdwortstil, in welchem man Bildungsprivilegien vermutete"[188],
- die Einheit von Sprache und Wesen eines Volkes,
- die egalitäre Forderung nach Verständlichkeit aller Bürger untereinander durch die Einführung einer normierten deutschen Standardsprache,
- die Sprache als einigendes Band des deutschen Volkes und als Instrument zur Einheit der Nation.

Trotz dieser konsequent traditionellen Sprachauffassung kommt es zu einer signifikanten Vermischung, wie sie schon seit dem Ende des 19. Jahrhunderts immer wieder festzustellen war: „Aber nichts war wohl gleichgültiger als das, solange unsere Rasse die Kraft in sich spürte, sich das fremde Wortgut vollständig anzueignen." Wie schon in seinem Artikel zur Metapher verwendet Reifferscheidt also auch in diesem Aufsatz den Begriff *Rasse*. Doch nichts deutet auf eine Integration der beiden Konzepte hin, sie stehen unverbunden nebeneinander. Reifferscheidt verwendet *Rasse* lediglich als ein Synonym zu dem Begriff *Volk*. Die Wahl des nationalsozialistischen Kernbegriffs sollte augenscheinlich eine formale Konvergenz der beiden Ideologien vortäuschen, die inhaltlich nicht gegeben war.

Dem gleichen Zweck diente wohl auch die ganz dem nationalsozialistischen Zeitgeist entsprechende organizistische Metapher. Doch wieder liegt hier nur eine oberflächliche Ähnlichkeit mit der Rhetorik Hitlers und Goebbels' vor, denn bereits Humboldt hatte ja Sprache und die Sprachfähigkeit des Menschen allgemein als *Organismus* bezeichnet. In dieser Tradition steht Reifferscheidt, auch wenn er die Sprach-Metapher um den „Volkskörper" ergänzt.

Gegen Ende des Textes unternimmt der Autor den Versuch einer Amalgamierung der gegensätzlichen Auffassungen, die nahezu skurrile Züge aufweist. Der Autor selbst bezeichnet sich zunächst als „Sprachmenger", also mit jenem historischen Begriff, der schon im 17. und 18. Jahrhundert dazu benutzt wurde,

---

188 Von Polenz 1966, 80. Vgl. zur Tradition dieser Auffassung zum Beispiel Riegel 1885, 24.

Fremdwortbenutzer anzuklagen.[189] Doch ganz im Gegensatz dazu preist er daraufhin Eindeutschungen wie „Lessings großartiges ‚empfindsam'" gegen das „alberne" Fremdwort „sentimental." Am Schluss des Artikels gelingt ihm eine verblüffende Synthese der beiden gegensätzlichen Positionen. Die „Sprachmenger" befürworten seiner Ansicht nach die Sprachreinigung:

> Ich glaube, im Sinne aller ehrlichen Sprachmenger zu sprechen, wenn ich gegen eine solche Umkehrung unserer Grundsätze feierlich Protest erhebe. Denn in keinem Falle ist es eines deutschen Schriftstellers würdig, die Muttersprache aus literarischem Ehrgeiz noch mehr zu verunreinigen.

Unter einer dünnen Schicht von punktuellen Vermischungen, die leicht als Tarnungen identifiziert werden können, lässt sich bei Reifferscheidt das ungebrochene Wissenssystem *Sprache* finden. Der Autor greift auf die Verbindung der Sprachideologie mit rassischen Versatzstücken zurück, wie sie für das beginnende 20. Jahrhundert charakteristisch ist. Seine tragenden Wissenselemente bezieht er jedoch aus der bürgerlichen Gedankenwelt des 19. Jahrhunderts, die noch stärker genuin politischen, zum Beispiel egalitären Zielsetzungen verpflichtet war.


### 3.1.8 Fokus 4: „Die Neigung zum kämpferischen Widerspruch"

Der Gegensatz zwischen der Sprachideologie einerseits und der Rassenideologie andererseits bot den bürgerlichen Journalisten einige Ansatzpunkte zum Widerstand oder zumindest zum Einspruch gegen die herrschende Doktrin. In den fünf Jahren des Erscheinens der Zeitung lassen sich jedoch nur zwei Artikel über Sprache finden, die sich als versteckter Widerspruch deuten lassen. Beide Artikel gehen dabei von einer sprachpraktischen Untersuchung aus.

**„Drang nach Freiheit"**

Theodor Haering deutet in seinem Artikel „Der Schwaben doppeltes ‚Ja'" die Verwendung von *doch* anstatt des hochdeutschen *ja* in Württemberg (DR 42/14). Er schließt dabei von der Sprache auf den Charakter des Sprechers und kommt zu dem Ergebnis, dass das *doch* die „unleugbare Eigenschaft dieses Stammes" ausdrücke, sich die „eigene Stellungnahme nicht einfach durch das bloße Ansinnen eines andern aufzwingen zu lassen, sondern sie sich selbst vorzubehalten." Besonders diese „Neigung zum kämpferischen Widerspruch" ver-

---

189  Vgl. Kirkness 1975, 411.

bunden mit dem „Drang nach Freiheit" habe auf das „nationale Schicksal ein-
gewirkt" und den Deutschen zu „größerer Welterkenntnis" verholfen:

> Wir haben uns dadurch zwar das Leben weniger leicht gemacht als ande-
> re, die schneller zu einfacheren und damit zunächst auch rascheren Stel-
> lungnahmen und Ergebnissen gekommen sind. Aber auch hier wird, wie
> wir hoffen, diese Art schließlich doch den Sieg behalten müssen, jene
> Art, die sich nicht mit einem voreiligen Ja allen Fragen zuwendet, die an
> ein Volk gestellt werden, sondern die immer, in Ahnung auch des Gegen-
> satzes, sich zu jener tieferen, weil allseitigen Weiterfassung und Beja-
> hung hindurchringen muß.

Dies ist ein kunstvoller, in der journalistischen Tradition der „Frankfurter Zeitung" stehender Aufruf zum Widerspruch. Wenn der Autor appelliert, die Fragen, die an ein Volk gestellt werden, nicht mit einem „voreiligen Ja" zu beantworten, drängen sich die Bilder von Goebbels' Sportpalastrede geradezu auf.
Das frenetisch gebrüllte „Ja" als Antwort auf die Frage nach dem „totalen
Krieg" entsprach nicht jener „tieferen, allseitigen Weiterfassung", die Haering
von seinen Lesern einforderte. Er tadelt die „einfachen und raschen" Lösungen
und mahnt die „selbständige Entscheidung" des Einzelnen an: „Vielleicht wird
gerade in dieser Besonderheit die europäische Berufung des deutschen Volkes
gegenüber den andern liegen."

### „Geborgenheit im Zwang"

Friedrich M. Reifferscheidt äußert sich in seinem Artikel „Wortprothesen" (DR
41/13) noch abstrakter und vorsichtiger als Haering. Er fordert nicht direkt zum
Widerstand auf, sondern beklagt die gesellschaftlichen Entwicklungen allge-
mein.[190] Dabei geht er von dem Verschwinden von Verben zu Gunsten von
Hilfsverbkonstruktionen mit nominalisiertem Verb aus.[191] Reifferscheidt ordnet
den Wortklassen Verb und Nomen verschiedene Repräsentationssphären zu: Das
Verb symbolisiere das Geistige, das Nomen das Materielle. Aus der Tendenz zur
Nominalisierung zieht er die Schlussfolgerung, dass der Mensch zunehmend die
Verantwortung für sein Tun abgegeben habe: „Wo ehedem der Geist gewaltet
hat, da herrscht jetzt der Aberglaube des äußeren Vollbringens." Deshalb preist

---

190  Vgl. die Beurteilung der Sprachkritik bei Simon 1989, 59: „Ihre Wirkung ist also gesell-
schaftspolitisch zumeist eine herrschaftskonforme, selbst wenn sie Herrschende wegen ihrer
Sprache direkt angreift." Vgl. auch: Heringer, Hans Jürgen 1982. Sprachkritik – die Fortsetzung der Politik mit besseren Mitteln, in: ders. (Hrsg.), *Holzfeuer im hölzernen Ofen. Aufsätze
zur politischen Sprachkritik*, Tübingen, S. 3-34.
191  Vgl. Kapitel 3.1.3 „Hilfsverbkonstruktionen" sowie die Artikel DR 40/18a und 41/22a.

er seinen Lesern „die Kraft und Frische der persönlichen Entscheidung", denn es sei falsch, wenn der Mensch „es als sein höchstes Ziel betrachtet, sich nicht unterscheiden zu müssen":

> Der Mensch ward plötzlich der gefährlichen Vielfältigkeit seines Wesens überdrüssig und verlangte deshalb nach einer risikolosen Einheit der Wesensbekundung. Er hatte es satt, selbständig zu sein, und sehnte sich nach der Geborgenheit im Zwang. [...] Hier äußert sich nur der Wunsch nach größtmöglicher Unverantwortlichkeit der Person.

Diese „Selbstaufgabe des Menschen" führe zu einem „offenen und unaufhaltsamen Persönlichkeitsschwund." Die Individualität würde „als gänzlich überflüssig" abgeschafft. Auch hier schließt der Autor von einer sprachlichen Erscheinung auf den Zustand der Sprachgemeinschaft. Über die Ablehnung der Hilfsverbkonstruktionen kritisiert der Autor die seiner Auffassung nach damit ursächlich zusammenhängenden gesellschaftlichen Entwicklungen, nämlich die Uniformität, die Abgabe individueller Rechte, die Aufgabe der persönlichen Meinung. Reifferscheidt zeichnet damit ein Bild der gesellschaftlichen Lage, das die Einordnung des Einzelnen in die faschistische Volksgemeinschaft treffend wiedergibt. Die Sprachideologie konnte den bürgerlichen Journalisten dazu dienen, sich kritisch mit dem Nationalsozialismus auseinander zu setzen, doch in nur zwei Artikeln wurde davon Gebrauch gemacht. Die Mehrheit zog es bewusst oder unbewusst vor, alte Werte zu tradieren, ohne dabei in Konflikt zur nationalsozialistischen Ideologie zu geraten.

## 3.2 Konfliktlinie 2: Sprachideologie vs. Rassenideologie

Die sprachtheoretischen Anschauungen des Wissenssystems *Sprache* standen nicht im selben Maße im Widerspruch zur nationalsozialistischen Ideologie wie die sprachpraktischen. Über die Klammer ‚Sprache als wichtiges Rassenmerkmal' und mit gleicher Stoßrichtung ‚gegen das Undeutsche' war die Verschmelzung der beiden Anschauungen leichter. Wissenschaftler wie Weisgerber und Schmidt-Rohr hatten Möglichkeiten der Amalgamierung vorgezeichnet. Im Gegensatz zum vorigen Kapitel, wo mit der Position des Autors für oder gegen einen sprachlichen Ausdruck Kontinuitäten oder Brüche identifiziert werden konnten, werden nun feinere, graduelle Unterscheidungen zu treffen sein. Inwieweit wurde das Konzept der Rasse aufgegriffen? Und wenn nicht, inwieweit behinderte oder stützte das bürgerliche Sprachkonzept die nationalsozialistische Macht?

## 3.2.1 Sprache und Geist

> Die Sprache muss [...] als unmittelbar in den Menschen gelegt angesehen werden; denn als Werk seines Verstandes in der Klarheit des Bewusstseyns ist sie durchaus unerklärbar.
>
> Humboldt, 1820

> Alles, was über das Wesen der Sprache ausgesagt wird, quillt ja letzten Grundes aus der Rasse als der wesentlichsten unter den sprachgebärenden Mächten.
>
> Schmidt-Rohr, 1938

Die Frage nach dem Ursprung der Sprache gehört sicher nicht zum Kern des Wissenssystems *Sprache* des durchschnittlichen Bürgers. Trotzdem lohnt sich ein Blick auf dieses periphere Gebiet, ist es doch für die Klammer zwischen Rassen- und Sprachideologie wichtig, dass Sprache und Rasse in ihrer Herkunft verknüpft sind.

Die beiden Autoren, die sich mit diesem Thema in „Das Reich" beschäftigen, folgen in ihren Ansichten größtenteils den von Humboldt vorgegebenen Linien und messen der Rasse keinen Stellenwert bei (DR 40/23; DR 44/11). Hartnacke führt aus, dass zunächst aus der „Seele" die Sprache entstanden sei, aus der sich dann wiederum der Geist entwickelt habe. Für Seele gibt der Autor zwar eine biologische, jedoch keine rassische Definition: Seelisches versteht er „als das, was die Zellen leben, sich ernähren, sich vermehren, Reize aufnehmen, auf Reize reagieren und die Reizerinnerung länger oder kürzer bewahren läßt". Hartnacke fährt fort:

> Trieb, Erfahrung, Planung wirkten nach- und miteinander zum allmählichen Erwachsen der Sprache. [...] So entstand die Möglichkeit, durch das Wortsymbol Vergangenes wiederzurufen, auch in die Zukunft hinein zu planen, mit Artgenossen Austausch zu pflegen über Vergangenes und Zukünftiges. Das aber ist es eben, was wir Hellbewußtsein nennen, denkendes, planendes, wollendes Hellbewußtsein. So ward aus Seelischem mit dem Mittel der Sprache der Geist.

Die Sprache wirkt nicht nur einseitig auf den Geist ein, denn „die Höherführung der Sprache ist nun wieder umgekehrt Erzeugnis der erwachenden geistigen Kraft." Damit bezieht er sich auf das Energeia-Prinzip Humboldts, das Sprache und Geist als sich gegenseitig beeinflussende Kräfte beschreibt: „So gelten nur beide Sätze zusammen", schreibt Hartnacke, „die Sprache schafft den Geist, der Geist bildet, formt, erhöht die Sprache" (DR 44/11).

Die Sprache eines Volkes wiederum, so führt ein Artikel von Flügel weiter, sei das Produkt der „Volksnatur" und des „absoluten Geistes". Der „reine freie Geist" schlage sich im „allgemeinen begrifflichen und grammatischen System" der Sprache nieder, die „Natur des Menschen" beziehungsweise die „Volksnatur" bestimme jedoch die „veränderlichen Töne und Laute." „Insofern uns die Sprache an sich, der Sprachlogos, gegeben ist, begreifen wir uns als geistige Wesenheit; insofern wir eine Mundart [Sprache eines Volkes, M.A.W.] sprechen, erkennen wir uns als natürliche Wesen." Nicht die Rasse oder das Blut werden als Schaffenskräfte angeführt, sondern lediglich die „Volksnatur", die der Leser auf seine Weise auslegen muss.

Der Autor umgeht aber nicht nur die nationalsozialistische Ideologie, er nimmt auch von einer bürgerlichen Sprachauffassung Abstand, die das Völkische hervorgehoben und Humboldts „Verschiedenheit innerhalb der Einheit" marginalisiert hatte. In seinem Aufsatz betont er dasjenige, „was über das natürliche und geschichtliche Sein eines Volkes weit hinausreicht und dem reinen freien Geiste angehört." Den Einfluss der „Volksnatur" ordnet der Autor der „Einheit im Mannigfaltigen" nach (DR 40/23): Des „großen allgemeinen Logos aller Menschensprachen" bewusst, könne man sagen,

> daß alle Einzelsprachen im Grunde nur Dialekte der einen, von Gott gegebenen Menschensprache sind und sich als Teile des Logos gegenseitig ergänzen. Nur solch ein innerer Zusammenhang des Geistes ermöglicht das Übersetzen aus einer Sprache in die andere, indem nämlich hierbei das vergegenwärtigt wird, was über die einzelnen Sprachen hinausgeht. [...] Einbüßen würde ihren eigentlichen Sinn unsere Sprache, wenn wir jemals jenen absoluten Geist vergäßen, der die Sprachen dazu bestimmt hat, Gespräch zu sein zwischen den Individuen und zwischen den Völkern. Hinhörend auf diesen gemeinsamen Menschheitsgeist aller Mundarten werden wir des Wunders der Menschensprache, der Einheit im Mannigfaltigen, erst vollends inne.

Mit seinen Ausführungen zur Sprache verfolgt er damit die gleichen Ziele wie die Sprachuntersuchungen Humboldts, nämlich „die durch die Sprache erreichbaren Zwecke des Menschen" und „das Menschengeschlecht in seiner fortschreitenden Entwicklung"[192] zu betrachten. „Der Mensch in seiner Ganzheit", schreibt Hartnacke, solle sein „hohes Ziel der Verwirklichung einer Idee der wachsenden Vollkommenheit" erkennen. Doch an dieser Stelle, die am deutlichsten auf den humanistischen Ursprung des Wissenssystems *Sprache* zurück-

---

192   Humboldt 1985, 12.

führt, ist auch wieder ein schroffer Bruch in der Kontinuität festzustellen. Hartnacke nennt als „hohes Endziel" nämlich nicht nur „die Ideen des Guten, Schönen, Wahren", sondern fügt ihnen auch die Idee des „Starken" hinzu. Diese Abweichung von den Gedankengängen platonischer Tradition präzisiert er dann folgendermaßen: „Wir sehen die Aufgaben, Sucher des Schönen zu sein, Künder des Wahren, Tatmenschen des Guten und Vollzieher völkischen Willens und völkischer Hochziele." Völker hätten die „Aufgabe ihrer Verwirklichung", dies sei eine „hohe und würdige Vorstellung" (DR 44/11).

Auch wenn hier also der Ursprung der Sprachauffassung bis zu Humboldt zurückverfolgt werden kann, so wäre es doch falsch, automatisch einen Widerspruch zur nationalsozialistischen Ideologie anzunehmen. Die Rassenideologie billigte der Sprache eine enge Verbindung zum Geist zu: „Hatte die gemeinsame Sprache ihren [...] Ursprung in der gemeinsamen Rasse, so wird Sprache nun und bleibt durch mannigfache Schicksale hindurch die eigentlich aufbauende Tatsache des Geistigen eines Volkstums."[193] Die Autoren in „Das Reich" verwenden nicht die Begriffe *Rasse* und *Blut*, aber die *Volksnatur* oder die *Seele* sind durchaus geeignet, in diesem Sinne interpretiert zu werden, vor allem, wenn der Autor im gleichen Gedankengang den „Vollzug völkischer Hochziele" einfordert. Sowohl die ungenauen Begriffe wie auch die Argumentation insgesamt unterstützen die nationalsozialistische Ideologie – bis auf eine Ausnahme – nicht direkt, aber sie widersprechen ihr auch nicht, obwohl eine Kontinuität der bürgerlichen Sprachauffassung vorliegt.

## 3.2.2 Sprache und Wesen

> Die Muttersprache, die als Ausflus und Werkzeug des bestimten Geistes eines bestimten Volkes, mit den geistigen Eigenheiten desselben in allen ihren teilen sich tief durchdrungen hat, ist zugleich Abbild und Trägerin des Charakters dieses Volkes.[194]
>
> Kolbe, 1804

Dem bürgerlichen Wissenssystem *Sprache* lag die Prämisse zugrunde, dass sich das Wesen (der Charakter, der Geist, das Bewusstsein) erstens des Sprechenden und zweitens der Sprachgemeinschaft in der Sprache niederschlägt. Die Sprache wiederum beeinflusst ihrerseits das Wesen des Sprechers beziehungsweise der

---

193   Panzer 1937, zit. nach Ahlzweig 1989, 51.
194   Ebenda, 42.

Sprechergemeinschaft. Dieses enge Verhältnis von Sprache und Wesen ist auch die Basis der Artikel über Sprache in „Das Reich".

Gegen eine Reform der Rechtschreibung, die in der Zeitung von Rahn vorgeschlagen worden war, argumentierte beispielsweise ein Journalist mit der Feststellung: „Wer die Sprache eines Volkes verändert, verändert seinen Geist."[195] In einem anderen Artikel wird behauptet, dass „ein Volk in seiner Tiefe erst begriffen werden kann", wenn seine Sprache als „wahre Bildungssprache Eingang in fremde Völker gefunden" habe, denn „die Sprache trägt die Seele des Volkes in sich und ist Mittlerin seiner tiefsten Gedanken" (DR 40/8). Die Erforschung der Sprache sei deshalb so wichtig, weil „mit jeder Erschließung eines Wortes weite Bezirke unseres gesamten geistigen und völkischen Lebens miteröffnet werden" (DR 45/10). Die deutsche Sprache sei in der Lage, „mit ihrer Zucht die geistige Struktur eines Volkes zu erfüllen" (DR 41/19).

Auch eine Buchbesprechung zeigt die Kontinuität der bürgerlichen Sprachideologie auf. Das Buch „Geist und Nation" von Otto Henschele „setzt sich aus vier Abschnitten zusammen, deren erster Aufsätze enthält über das deutsche Gedicht, deutsche Prosa, die Hochsprache, [...] die Kunst des Lesens usw. Im zweiten Abschnitt geht es um Goethe" (DR 41/20). Der Geist der deutschen Nation wird hier ganz traditionell sprachlich-literarisch aufgefasst.

Die Verknüpfung von Sprache und Wesen eines Volkes wird in den untersuchten Texten auch praktisch angewendet: Die Sprache eines Sprechers oder einer Sprachgemeinschaft verrate deren Charakterzüge. Deshalb müssten Personen, die „das Wesen des Landes repräsentieren", in der deutschen Hochsprache besonders geschult werden. Das „Wesen eines Stammes" lasse sich unter anderem „aus der sprachlichen Lautung" und der „Fähigkeit der Satzbildung, dem Wortreichtum und der Mitteilungsfülle" erschließen (DR 40/10a).

Über die Schwaben wird geurteilt: „Ihre Sprache ist, wie sie selbst, rauh und hart" (DR 41/1). Die Verwendung von *doch* anstatt des hochdeutschen *ja* drücke die „unleugbare Eigenschaft dieses Stammes" aus, „sich die eigene Stellungnahme nicht einfach durch das bloße Ansinnen eines andern aufzwingen zu lassen, sondern sie sie selbst vorzubehalten" (DR 42/14). Der Kölner Anglistik-Professor Schöffler verfasste eine Artikelserie[196], die in acht Folgen die Wesens-

---

195  Mit seinem Vorschlag für eine Rechtschreibreform stößt Rahn auf deutliche Kritik, die ihren Ursprung im bürgerlichen Sprachideal hat. Vgl. DR 41/37, 43b.

196  DR 41/2, 3b, 4b, 5, 6b, 7, 8. Müller nennt diese Artikelserie des Kölner Anglisten einen „Höhepunkt der Liberalität im ‚Reich', die dem Blatt viel Ruhm und Leser eintrug." Vgl. Müller 1964, 22.

art der deutschen Stämme und Städte anhand ihrer zumeist mundartlichen Witze aufzeigt. Die provinzielle Abgeschiedenheit der Schwaben ließe sich am Hang zur Verniedlichung („Ländle, Häusle") ablesen.[197] Der Verfasser setzt damit voraus, dass sich der Charakter regelhaft in der Sprache niederschlage, Wörter bergen für ihn Informationen über die Grundeigenschaften von Menschengruppen: „Man kann in Ostpreußen zärtlich lieben, dafür zeigen die umlautlosen Verkleinerungen Handchen, Ohrchen, Mannchen."

Doch die sprachliche Determiniertheit eines Volkes korrespondiert nicht mit der nationalsozialistischen Blut-und-Boden-Ideologie. Bei Schöffler treffen das Blut-Konzept und das Sprach-Konzept aufeinander und werden gegeneinander ausgespielt. Der Autor begegnet der Auffassung, dass der „ostisch-baltische blutsmäßige Teil des deutschen Volkes grausam, verschlagen und blutdürstig" sei, mit einer sprachlichen Untersuchung. Das Zitieren von Ortsnamen reicht für ihn aus, die rassische Veranlagung zu widerlegen: „Sagen Sie selbst: Warnascheln, klingt das grausam? Tarputschen, klingt das blutdürstig? [...] Druschlaken, Daubischken, Leputschen – ist das Verschlagenheit?" Hier setzt sich die Sprache als kennzeichnendes Merkmal eines Volkes gegen das Blut durch.

Dass sich die gegensätzlichen Konzepte in Frontstellung einander gegenüberstehen ist jedoch eine Ausnahme. Manche Autoren verwenden ,neutrale' Formulierungen, wie sie schon im vorigen Kapitel zu beobachten waren. Karl Korn legt seiner Deutung des niedersächsischen Landes beispielsweise die „Merkmale des Volksstammes und die Sprache" (DR 40/7) zugrunde, wobei der Ausdruck „Merkmale des Volksstammes" unterschiedlichen Interpretationen durch den Leser offen steht. Außer in dem oben beschriebenen Fall kann nicht von einem Gegensatz zwischen den Auffassungen ,das Wesen eines Volkes wird durch die Sprache festgelegt' und ,das Wesen eines Volkes wird durch die Rasse festgelegt' ausgegangen werden. Vielmehr wird die Sprache als ein Rassenmerkmal interpretiert: „Die Rassen und Völker scheiden sich nach der Sprache" (DR 40/10b). Wird *Sprache* lediglich als Ausfluss der *Rasse* interpretiert, so führt die Sprache letztlich auf die Rasse als das die Menschen bestimmende Prinzip zurück. Wiederum verhindert hier eine besondere Nähe der beiden Konzepte einen offenen Widerspruch zwischen der Kontinuität des bürgerlichen Wissenssystems *Sprache* in „Das Reich" und der Blut-und-Boden-Ideologie. Beiden Konstruktionen gemein ist die Determiniertheit des Individuums durch eine äußere

---

197 Dieser Auffassung Schöfflers schließt sich rund ein Jahr später auch Theodor Haering in seinen Beobachtungen „aus süddeutschem Gau" (DR 42/14) an. Siehe dazu oben Kapitel 3.1.8.

Größe. Werden die beiden unterschiedlichen Größen *Blut* und *Sprache* einander nicht direkt gegenüber gestellt, so wird der ideologische Gegensatz dem Leser nicht bewusst.

### 3.2.3 Fokus 5: „Die Zucht, die von der Sprache ausgeht"

Von einer starken Beeinflussung des Charakters durch die Sprache geht auch Pintschovius in seinem Artikel „Die Zucht der Sprache" aus (DR 41/19). Darin befasst sich der Autor mit dem Sinn des Sprachunterrichts, vor allem des alt-sprachlichen Unterrichts an den allgemein bildenden Schulen. Seine Argumentation basiert auf den im vorigen Kapitel skizzierten bürgerlichen Überzeugungen:

> Das Wort ist Körper des Gedankens. Was wir an Sprachgefühl erwarten, wirkt sich als allgemeiner Takt, was wir als logisches Gesetz der Sprache aufnehmen, als ein nicht zu unterschätzendes Training des Geistes aus. [...] jedem Gedanken, jedem Blick, jedem Gefühl jedem Vorsatz wohnt die Struktur der Sprache als eine unausschaltbare Orientierungsform in-ne. [...] Es gibt keine menschliche Regung, die von der Erziehungsspur der Sprache ganz frei ist.

Das Lernen von alten Sprachen sei deshalb „eine Schule des Charakters." Doch Pintschovius bleibt nicht allein bei diesem Ausdruck, er nimmt eine bemer-kenswerte terminologische Veränderung vor: Synonym zur *Charakterschulung* spricht er von der *Zucht* der Sprache. Auf diesen Begriff überträgt er das Kon-zept der Verbindung von Sprache und Wesen:

> Die Zucht, die von der Sprache ausgeht, teilt sich sogleich auch unserem Empfinden, unserem Anschauen, unserem Handeln und unserem Streben mit, sie wird Strukturkeim für alle Vorgänge in uns. Das Gesetz ihrer Zucht dringt bis in die Regulationstätigkeit des Gewissens vor. [...] Wir können nichts denken, wir können nichts wollen, wir können nichts sin-nen, wir können nichts sehen, ohne die leitende Kraft auszunützen, die mit der sprachlichen Zucht gegeben ist.

Mit dieser Positionierung schafft der Autor die Verknüpfung von Pädagogik und Rassenlehre, wobei der Begriff *Zucht* eine Brückenfunktion einnimmt: Erzie-hung – Zucht – Züchtung. Nach der nationalsozialistischen Ideologie wird *Zucht* verstanden als die *Höherzüchtung* einer menschlichen *Rasse* durch *Auslese* und *Ausmerzung*. Darré definiert: „Jedes angewandte Wissen der Vererbungsgesetze ist Zucht. Darin liegt ausgedrückt, daß im Wesen der Züchtung in erster Linie der Wille maßgeblich ist, welcher das Wissen von der Vererbung zum besten einer zu erzeugenden Nachkommenschaft anwendet."[198]

Das nationalsozialistische Konzept von *Zucht* basiert auf dem unveränderlichen Merkmal *Blut*, während Pintschovius von der Veränderlichkeit des *Wesens* des Einzelnen durch die (disziplinierende) *Zucht der Sprache* ausgeht. Zwei völlig unterschiedliche Konzepte werden hier amalgamiert, um ein altes humanistisches Bildungsideal, nämlich den Latein- und Griechischunterricht, zu verteidigen. Dabei wird der Begriff *Zucht* in ein Wortfeld eingebettet, welches insgesamt eher Züge der nationalsozialistischen als der bürgerlichen Ideologie und Metaphernwelt aufweist: *Hygiene, Sauberkeit des Denkens, Hochzucht, Erbfeind, gesunde Volksseele, gefühlsledig gewordenes Denken, Zivilisationsschäden.*

Doch bei diesem Artikel liegt nicht bloß eine Vermischung von Begriffsfeldern vor. Das bürgerliche Erziehungsideal *Sprachunterricht* wird an das nationalsozialistische Erziehungsziel *Gehorsam* angepasst. Weil der „sprachlichen Zucht" die „volle Breite unseres inneren Geschehens" offen stehe und „uns durch alle Lebensverhältnisse hindurch geleitet", habe das Erlernen einer Sprache „unmittelbaren Gegenwartsbezug." Und diese unausgesprochene Gegenwart war der Krieg. „Das Abwägen des Ausdrucks, die Kontrolle der Konstruktion, das Abtasten der Möglichkeiten hat sich in unbewußtes Pflichtgefühl umgesetzt", Lateinunterricht sei eine „Schule der Tapferkeit." Aber auch die deutsche Sprache sei in der Lage, „den Geist der Jugend für den Kampf und die Ideen des Lebens zu rüsten, die den Sieg der Hingabe und des Gewissens verheißen." Die Pädagogen sollten nicht vergessen, dass die „Weltfremdheit des Arbeitsstoffes" Latein und Griechisch „ihre grandiose Kehrseite hat: sie ist Einsatz ohne Rücksicht auf Zweck und Nutzen. Dieses Geistes aber bedarf eine Jugend."

Dem Text liegen eine bürgerliche Denkstruktur (Sprache beeinflusst das Wesen) und ein bürgerliches Ziel (herausgehobene Stellung des Sprachunterrichts in der Schule) zugrunde. Doch die humanistische Begründung (der freie, aufgeklärte Mensch) wurde aufgegeben zu Gunsten der *Zucht* der Schüler, der Aneignung von kriegswichtigen Charaktereigenschaften und der Befolgung der „hygienischen Regel." Hier liegt in einem Artikel nun zum ersten Mal eine wirklich konsequente ideologische Amalgamierung vor. Das bürgerliche Wissenssystem

---

198 Darré 1941, zit. nach Schmitz-Berning, Cornelia 1998. *Vokabular des Nationalsozialismus*, Berlin/New York, 708. Vgl. zum Begriffsumfeld von *Zucht* auch Winckler, Lutz 1970. *Studie zur gesellschaftlichen Funktion faschistischer Sprache*, Frankfurt am Main, 77-79.

*Sprache* wird den nationalsozialistischen Zielen verfügbar gemacht, oder offensiver ausgedrückt: Zwei im Ursprung konträre Weltanschauungen gehen eine symbiotische Verbindung ein.

## 3.2.4 Sprache und Volk

> Einem Volk, das über Berge und Ströme gedrungen ist, kann allein die Sprache die Grenze setzen.
>
> Jacob Grimm[199], 1846

> Die Sprache ist das Volk.
>
> Aus der Zeitschrift des Sprachvereins, 1896

Für das Bürgertum hatte die standardisierte Hochsprache im 19. Jahrhundert eine herausragende Bedeutung, weil sich mit ihr die Forderung nach einem deutschen Einheitsstaat verband. Diese historischen Erfahrungen spiegeln sich auch in den Artikeln zum Verhältnis von Nation/Volk und Sprache in „Das Reich" wider.

„Ein geschichtliches Volk entsteht, indem es sich seiner Sprache als einer geistigen Einheit bewußt wird", stellt ein Autor fest und fügt hinzu, dass „ein lebendiges Nationalgefühl bei einem Volke erst dann möglich sei, wenn die Sprache dieses Volkes Kultursprache geworden ist" (DR 40/23). Die Etablierung einer Kultursprache erfordert eine Abgrenzung in vertikaler und horizontaler Richtung. Die auf gleicher Stufe stehenden anderen Nationalsprachen dürfen die Gemeinschaft an den Rändern nicht von außen auseinander dividieren und die Mundarten bergen die Gefahr der Auflösung innerhalb der Gemeinschaft.[200]

Sprachen hätten die „ganz naturhafte Neigung sich zu verzweigen und zu vermehren", weshalb „den Dialekten durch Vereinheitlichung der Sprache entgegengewirkt werden" müsse. Diese „naturhafte Seite der Sprache" bilde ein Gefahrenpotenzial für Einheitssprache und Nationalstaat, sie gefährde die Verständigungsgrundlage des Volkes (DR 41/16). Es sei notwendig, Lehrgänge durchzuführen, die zum Beispiel den Sachsen die hochdeutsche Aussprache näher bringen würden. Zur Ausschaltung des zersetzenden Einflusses müsse eine

---

199 Zit. nach Habermas, Jürgen 1999. Was ist ein Volk? In: Frank Fürbeth e.a. (Hrsg.), *Zur Geschichte und Problematik der Nationalphilologien in Europa. 150 Jahre Erste Germanistenversammlung in Frankfurt am Main (1846-1996)*, Tübingen, 27.

200 Das Verhältnis zu den anderen Nationalsprachen wird in Kapitel 3.2.5 „Sprache und Krieg" behandelt.

scharfe Grenze zwischen „echtem" Dialekt und „Sprachverlotterung" gezogen werden (DR 40/10a). Dürften die Mundarten ohne Normen wuchern, würde es auch eine immer weitere Aufspaltung in kleinere Völker mit ihren jeweiligen Sprachen geben: „Denken wir uns die Existenz eines Volkes an das Vorhandensein einer besonderen Sprache geknüpft, so käme diese Neigung der Sprachen, sich weiter abzugliedern auf eine unentwegte Neubildung von Völkerschaften und Völkergruppen hinaus, was im Hinblick auf die Gestalt und Einheit der geschichtsmächtigen Nationen durchaus als eine Tendenz der Auflösung, der Zergliederung, anzusehen wäre." Die Sprache hat also nur insoweit die Kraft, Gemeinschaft zu verwirklichen, „wie sich das Geistige ihres Wesens, ihre innere Einheit, gegenüber dem natürlichen Ausgliederungsdrange durchzusetzen vermag." Der Autor kommt zu der Schlussfolgerung, dass „der Satz von Jacob Grimm: ,Die Sprache bildet Völker und hält sie zusammen', unzweifelhaft richtig ist."

Wiederum fehlt in den untersuchten Texten jeglicher Verweis auf die Blut-und-Boden-Ideologie. In einem Artikel werden sogar jene direkt angesprochen, „die sonst alles gerne auf eine einfache Naturformel bringen", um sie von der Wichtigkeit der Sprache für das Völkische zu überzeugen (DR 40/23). Eine ungebrochene Kontinuität des Wissenssystems *Sprache* kann bei den untersuchten Artikeln festgestellt werden. Doch die vorgetragenen Anschauungen lassen die nationalsozialistische Ideologie lediglich unbeachtet, es wird kein Gegensatz aufgebaut. Die rassische Position hatte die Wichtigkeit des Faktors *Sprache* schon früher unterstrichen:

> Von seiner Sprache, Kultur *und* Rasse her, so behaupten wir, muß sich ein Volk erschließen lassen. [...] Völker bedeuten die grundlegende Gliederung der Menschheit. Durch das Gewirr der Volkstümer sind die Sprachen der beste Wegweiser.[201]

Die sprachliche Entwicklung des 19. Jahrhunderts in Deutschland wird von den Rassenideologen nicht ignoriert. Der Muttersprache wird die Kraft zugeschrieben, „Gemeinschaft auf rassischer Grundlage zu verwirklichen."[202] Die bürgerlichen Autoren bleiben diesen Hinweis auf die „rassische Grundlage" schuldig und beziehen sich rein auf den sprachlichen Aspekt, auf die *differentia specifica*", wie es Weisgerber formulierte. Die hier vorgetragenen bürgerlichen An-

---

201  Arntz, Helmut 1937. Rasse, Sprache, Kultur und ihre Beziehungen zum Volkstum, in: *Zeitschrift für deutsche Bildung* 13, 265.
202  Stroh, zit. nach Simon 1979, 161.

schauungen stehen unverbunden neben der Rassenideologie, aber sie treten nicht in Widerspruch zu ihr.

## 3.2.5 Sprache und Krieg

Die erste Ausgabe der Zeitung „Das Reich" erschien während des Frankreich-feldzugs, sodass alle hier untersuchten Auseinandersetzungen mit dem Thema Sprache unter den äußeren Bedingungen des Kriegs stattfanden. Eine Vielzahl von Artikeln beschäftigt sich daher mit kriegsnahen Themen, etwa mit den sprachlichen Verhältnissen in den früheren „auslandsdeutschen" Gebieten oder mit den Aufgaben der deutschen Sprache in den besetzten Ländern. Dies Kapitel befasst sich 1) mit den Nationalsprachen der Kriegsgegner, 2) mit den historischen Ansichten über Sprache und Krieg, 3) dem Beitrag von Sprache zu den Kriegsanstrengungen, 4) den sprachlichen Kriegserfolgen und 5) dem Status des Deutschen in Elsass-Lothringen und Luxemburg.

**Die Sprache der Gegner**
Besonders im Kaiserreich und während des Ersten Weltkriegs diente die Sprach-ideologie hauptsächlich dazu, die nationale Sache zu unterstützen. In der Präambel des Sprachvereins von 1886 wurde deutlich gemacht, dass die Vereinsmit-glieder „keine gelehrten, sprachwissenschaftlichen Ziele verfolgen", sondern „im Dienste des vaterländischen Gedankens" arbeiteten. Dazu gehörte eine Überhöhung des Deutschen und eine Abwertung der anderen Nationalsprachen. Dies zeigt sich auch an den Artikeln in „Das Reich":

> Wir selbst sind in einer günstigen Lage: mag auch der Vorgang des Abschleifens im Gebrauch keine Sprache verschonen, unser Deutsch ist immer noch einigermaßen reich und immer noch stark in seiner logischen Kraft. Auch hält es sich eisern an das geschriebene Wort, – im Gegensatz zu der englischen Sprache, die in der Weitherzigkeit ihrer logischen Mittel und der Vieldeutigkeit ihrer Ausdrucksformen beinahe zuchtlos wirkt. Hier sind die Nöte des Ohres so groß und die Schwierigkeit des Lernens so einseitig nach dieser Seite geschoben, daß die Schule des Charakters nicht groß sein kann. Da sind wir mit unserer Sprache viel besser dran (DR 41/19).

An allen vier großen Kriegsgegnern wird das Verhältnis der Bevölkerung zu ihrer Sprache kritisiert. Über die Amerikaner heißt es, sie seien zufrieden, „die Weitverbreitung ihrer Sprache mit deren barbarischer Verstümmlung zu erkaufen." Den Russen wird vorgeworfen, sie wären „voreinst der eigenen Muttersprache entfremdet." Als Beleg wird Tolstoi angeführt, der einen Petersburger Großfürsten geschildert habe, „dem man nachsagt, der patriotische Aufschwung des Jahres 1812 veranlaßte ihn, russische Stunden zu nehmen" (DR 45/15).

In der letzten Ausgabe der Zeitung im März 1945 können die Autoren nur noch einen letzten, kleinen Sieg feiern. Die „Maßstäbe von 1860" hätten endlich aufgehört zu existieren, denn Französisch, die Sprache des Erzfeindes, solle bei der Konferenz zur Gründung der Vereinten Nationen keine amtliche Sprache sein:

> Wer hätte bei solcher Lage der Dinge nicht Verständnis für die Ge-
> kränktheit de Gaulles? Der General hat sich in Washington, London und
> Moskau beschwert. In San Francisco soll weltweit verhandelt werden –
> und die französische Sprache, gerade sie ist bei dieser diplomatischen
> Völkerschlacht nur gleichsam privat, nicht amtlich, geschweige denn mit
> Vorrang zugelassen. Das ist schmerzlich für jeden, dem auf diesem Ge-
> biet die Maßstäbe von 1860 noch nicht aufgehört haben, gültig zu sein
> (DR 45/15).

Die Autoren kritisierten an den anderen Nationen eine Sprachpraxis, die der nationalsozialistischen Sprachverwendung oftmals sehr genau entsprach. So klagen sie über die nur „nachlässig verteidigten Sprachgrenzen" der Niederlande, was zu einer massiven „Übernahme von Wörtern aus fremden Sprachen" führe. Neubildungen würden „nicht unter dem Gebote schöpferischen Sprachgefühls erfolgen, sondern aus reinen Zweckmäßigkeitsgründen" (DR 45/9). Das bürgerliche Sprachideal und mit ihm ein bestimmter Satz an Bewertungskriterien für Sprache hatten sich erhalten, sie wurden nun aber in den Dienst der Diffamierung des Kriegsgegners gestellt:

> Dazu kommt, daß das Sowjetregime bewußt auf die Sprache eingewirkt
> hat, um sie als Einflußmittel zu gebrauchen. Der bolschewistische Propa-
> gandaapparat stand zur Verfügung. Die Sowjetpresse und -literatur sorg-
> ten dafür, daß die Sprache der Straße ebenso wie die abstrakte Sprache
> der marxistischen Doktrin zur Geltung kamen. Diese Entwicklung nahm
> der Sprache ihre Lebendigkeit; sie machte sie blaß und starr. [...] Niemals
> ist die russische Sprache mit fremden Bestandteilen so stark belastet
> worden wie durch den bolschewistischen Jargon (DR 41/31).

Die vielen Nichtrussen, die in der Revolution führend waren, nämlich „Juden, Kaukasier, Polen und Letten", hätten durch Wort und Schrift auf die russische Sprache Einfluss genommen. Bedenke man, in welcher Millionenauflage die Schriften Stalins – der Georgier war – verbreitet wurden, so ließe sich aus dieser

Tatsache allein schon ersehen, wie stark dieser mit „seiner dem russischen Empfinden fremden Ausdrucksweise und seinem schwerfälligen farblosen Stil" das
Russische beeinflusst habe. Das traditionelle Sprachideal, nach welchem auch
fremde Sprachen beurteilt werden müssen, liegt hier völlig ungebrochen vor.

Die oben zitierte Stelle ist die einzige, an der Juden für den Sprachverfall
verantwortlich gemacht werden. Aber noch nicht einmal hier wird speziell den
Juden die Schuld gegeben, sie sind lediglich eines von vier „Völkern" und einer
von vielen Faktoren, die den Niedergang der Sprache verursacht hätten. Der Begriff *Jude* taucht nur noch ein weiteres Mal in den Sprachartikeln in „Das
Reich" auf, und zwar als neutrale Wortumschreibung (*Spaniol* sei ein „Nach-
komme von meist aus Spanien ausgewanderten Juden", DR 42/34).

Die Artikel zum Thema Sprache sind damit nicht antijüdisch. Die Jagd auf
Judaismen war mit Blick auf deren Vorkommen in den offiziellen Reden der
NSDAP-Führer gescheitert. Die Sprachideologie und der rassische Antisemitismus waren nicht amalgamierungsfähig, denn das integrative Konzept *Sprache*
bot nur wenige Möglichkeiten des Ausgrenzens von Juden. Nicht überraschend
ist die Tatsache, dass auch das projüdische Konfliktpotenzial von den bürgerlichen Journalisten nicht ausgenutzt wurde. Mit hoher Wahrscheinlichkeit hätte
dies für den betroffenen Journalisten zumindest das berufliche Ende bedeutet, in
welcher Tarnung auch immer der Artikel veröffentlicht worden wäre. Wenn es
weder die Möglichkeit gab, Juden via Sprache anzugreifen, noch sie in Schutz
zu nehmen, so konnte nur der dritte Weg eingeschlagen werden: Schweigen.[203]

## Die Revanche

> Von dem Ausgang des Weltkrieges wird auch die Weltgeltung unsrer
> Sprache abhängen.
>> Aus der Zeitschrift des Sprachvereins, 1915

> Die deutsche Sprache wird die Welt beherrschen!
>> Schiller, zitiert bei Engel, 1917

Das bürgerliche Wissenssystem *Sprache* fasste das Französische als Antipoden
des Deutschen auf, und zwar sowohl in sprachlicher als auch in politischer Hin-
sicht. In den Sprach-Artikeln der Zeitung „Das Reich" wird der Krieg als Revanche für die früher erlittene Unterdrückung des Deutschen verstanden.

---

203  Vgl. zur sprachlichen Handlung des Schweigens: Bauer, Gerhard 1990. *Sprache und
Sprachlosigkeit im „Dritten Reich"*, 2. Auflage, Köln.

Die Erfahrungen des Bürgertums im 19. Jahrhunderts werden von einigen Autoren noch einmal aufgegriffen, freilich nicht ohne festzustellen, dass sich die Situation grundlegend verändert habe. In dem „französisierenden Jahrhundert" hätten französische Gelehrte das Deutsche „fast gegen die, die es als Muttersprache sprechen", verteidigen müssen, doch „diese Verteidigung ist heute nicht mehr notwendig" (DR 41/43b).

Ein anderer Autor berichtet: „Von Rivarol, dem einst die Berliner Akademie einen Preis verlieh, weil er die Weltgeltung des Französischen geistig begründet hatte, stammt das schlimme Wort, daß ‚es die Deutschen gewesen seien, von denen die Völker gelernt hätten, das Deutsche zu verachten'." Die Aufforderung an das nationalsozialistische Deutschland, diesen Erfahrungen Taten folgen zu lassen, bleibt nicht aus: „Sorgen wir dafür, daß das Abendland von unserem Geschlecht erfährt, wie sich das Verhältnis des Deutschen zu seiner Sprache zu verwandeln beginnt" (DR 41/46). Besonders die Zeit der Weimarer Republik wird als eine Zeit der sprachlichen Unterdrückung Deutschlands durch Frankreich bewertet:

> Der zivilisatorisch-wirtschaftliche Geist, der vom Sieger stammend seine Befürworter bei uns fand, war noch eine größere Gefahr als die härtesten Bestimmungen des Friedensdiktates. [...] Sprachkurse wurden eingerichtet, eine französische Lesehalle eröffnet [...]. Diese Bücher waren natürlich alle französisch geschrieben. Diese Propaganda rechnete also selbstverständlich damit, daß sich der, der von ihr erfaßt und beeinflußt werden sollte, die Kenntnis ihrer Sprache verschaffte. [...] Wir Deutsche sind lernbegierig und waren in der Vergangenheit nur zu leicht bereit, im Wesen eines fremden Volkes aufzugehen (DR 41/43b).

Der Autor befürchtet nun, dass Deutschland als „eine Nation, die sich in ihrer weltpolitischen Stunde befindet", wieder dem Geist des Besiegten erliegen könnte und seine Sprache anpasse.

Der Zweite Weltkrieg wird als ein erneuter Versuch der feindlichen Staaten gesehen, die deutsche Kultur von außen zu bestimmen, und wird deshalb in eine Traditionslinie mit den früheren Befreiungskämpfen von französischer Vorherrschaft gestellt. Die Autoren fordern von den Kriegsgegnern die Anerkennung des deutschen Geisteslebens und der deutschen Kultur:

> Wenn heute wiederum unsere Feinde versuchen, [...] die deutsche Kultur aus der Welt zu verdrängen, wenn sie alle die gewaltigen Leistungen des deutschen Geisteslebens nicht wahrhaben wollen und sie zu verzerren versuchen, dann kann uns dies nicht beirren in unserem unerbittlichen Kampf um die Selbstbehauptung (DR 40/8).

Der Krieg stellt die historische Möglichkeit zur Revanche dar, der deutschen Sprache und Kultur soll der ihr gebührende Platz verschafft werden, der ihr solange zu Unrecht verwehrt worden war:

> Wie das Lateinische einst die Sprache der Bildung gewesen ist, wie nach der französischen Revolution das Französische in Verbindung mit den Ideen des Nationalismus liberaler Art und Idee von der sogenannten „Freiheit, Gleichheit, Brüderlichkeit" seinen Siegeszug über die Welt antrat und weithin zur Sprache der Gebildeten und Diplomaten wurde, wie im Zeitalter der Weltwirtschaft und des liberalen Welthandels englischer Prägung das Englische als Verkehrs- und Wirtschaftssprache sich eine führende Stelle in der Welt eroberte, so muß es heute die Aufgabe sein, im Zeitalter der nationalsozialistischen Revolution in der von ihren Triebkräften ausgehenden Neuordnung Europas die deutsche Sprache zu der weltübergeltenden Sprache zu machen (DR 40/31).

Nachdem Latein, Französisch und Englisch die beherrschenden europäischen Verkehrssprachen gewesen seien, schlüge mit dem Nationalsozialismus nun die „weltgeschichtliche Stunde" der deutschen Sprache. Die Autoren beurteilen den Krieg nicht als Rassenkampf, nicht als Durchsetzung des Rechts des Stärkeren und der Sicherstellung von Lebensraum für den Arier.

Den Kampf gegen die minderwertigen Rassen verband auch Hitler schon mit einem höheren Zweck. Alles, was „an menschlicher Kultur, an Ergebnissen von Kunst, Wissenschaft und Technik" erzielt worden sei, wäre „nahezu ausschließlich schöpferisches Produkt des Ariers." Nur der Arier komme „als Kulturbegründer" in Frage, er sei „der Prometheus der Menschheit, aus dessen lichter Stirne der göttliche Funke des Genies zu allen Zeiten hervorsprang." Um sich gegen die „Kulturzerstörer" durchzusetzen, müsse er „zum Beherrscher der anderen Wesen dieser Erde emporsteigen."[204]

Diese Überlegungen teilen die bürgerlichen Autoren in „Das Reich" nicht. Doch beiden Anschauungen ist gemein, dass sich der deutsche ‚Kulturmensch' gegen die äußeren Feinde durchsetzen muss, dass „sich die Welt wird bequemen müssen, auch der deutschen Kultur den Platz einzuräumen, den man ihr bisher verweigerte, den sie aber für das Deutschland Adolf Hitlers beansprucht" (DR 40/8). Die bürgerlichen Interpretationen der weltpolitischen Vorgänge stehen dem faschistischen Krieg nicht entgegen, in der nationalsozialistischen Zeitung tendieren sie dazu ihn zu rechtfertigen, ohne ihn begeistert zu begrüßen.

---

204 Hitler 1924, 317-318.

## Sprachkrieg

> Der Krieg hat unsrer Sprache eine Verbreitung gegeben, wie sie sie seit
> den Tagen der Völkerwanderung nicht gehabt hat.
>
> Aus der Zeitschrift des Sprachvereins, 1915

Der in diesem Abschnitt behandelte Sprachimperialismus ist ein komplexes Beispiel für die Einordnung des bürgerlichen Wissenssystems *Sprache* in die nationalsozialistischen Kriegsanstrengungen. Die Verbreitung der deutschen Sprache im Ausland war im Rahmen der angestrebten Emanzipation der deutschen Kultur gegenüber der französischen ein erklärtes Ziel des Sprachvereins. Im Zweiten Weltkrieg verfolgten die nationalsozialistischen Machthaber ebenfalls dieses Ziel, obwohl das einen Verstoß gegen Hitlers ideologische Vorgaben bedeutete. Der hatte sich in „Mein Kampf" gegen eine „erzwungene äußerliche Annahme der deutschen Sprache" im Ausland ausgesprochen:

> Selbst in alldeutschen Kreisen konnte man damals die Meinung hören,
> daß dem österreichischen Deutschtum unter fördernder Mithilfe der Regierung sehr wohl eine Germanisation des österreichischen Slawentums
> gelingen könnte, wobei man sich nicht im geringsten darüber klar wurde,
> daß Germanisation nur am Boden vorgenommen werden kann und niemals an Menschen. Denn was man im allgemeinen unter diesem Wort
> verstand, war nur die erzwungene äußerliche Annahme der deutschen
> Sprache. Daß jede solche Germanisation in Wirklichkeit eine Entgermanisation ist, wurde unserer bürgerlichen [!] nationalen Welt niemals
> klar. Denn wenn heute durch das Oktroyieren einer allgemeinen Sprache
> bisher sichtbar in die Augen springende Unterschiede zwischen verschiedenen Völkern überbrückt und endlich verwischt werden, so bedeutet
> dies den Beginn einer Bastardierung [...].
> Es kommt in der Geschichte nur zu häufig vor, daß es den äußeren
> Machtmitteln eines Eroberervolkes zwar gelingt, den Unterdrückten ihre
> Sprache aufzuzwingen, daß aber nach tausend Jahren ihre Sprache von
> einem anderen Volk geredet wird und die Sieger dadurch zu den eigentlich Besiegten werden.[205]

Für Hitler war nur eine Germanisierung des Bodens möglich; Umsiedlung, Aussiedlung und Vertreibung waren deshalb die zu bevorzugenden Methoden in den besetzten Ländern. Trotzdem wurde im Zweiten Weltkrieg eine Sprachverbreitungspolitik betrieben, die mit ihren „kolonialistischen Regelungen die preußische Sprachenpolitik noch überbot."[206] Die Begründungen hierfür waren nicht

---

205 Hitler 1924, 418.
206 Von Polenz 1999, 156-157.

ideologischer, sondern funktionaler Art. Aus wirtschaftlichen und militärischen Erwägungen heraus wäre für die Besatzungsmacht Deutschland die Verbreitung der deutschen Sprache in Europa wichtig und nötig.[207] So sollte beispielsweise „das Gruppenbewußtsein der fremdvölkischen Gruppen"[208] mit Hilfe einer konsequenten Sprachpolitik zerstört werden.

Der Sprachverein hatte den Ersten Weltkrieg mit den Worten „Die Saat ist herrlich aufgegangen"[209] stürmisch begrüßt. Die Mitglieder sahen „die deutsche Sprache als Weltsprache, die deutsche Kultur als Weltkultur an, für deren Sieg im Krieg gefochten wird." Gelobt wurde deshalb, dass im Baltikum Städte und Flüsse deutsch benannt wurden und dass sich die „deutsche Kultur im Osten habe festsetzen können."[210] Das bürgerliche Wissenssystem *Sprache* war jedoch vor allem auf die Binnenhaftung von Sprache ausgerichtet, auf das alle Deutsche einigende Band der Sprache. Das Hauptanliegen des Sprachvereins war deshalb die Repatriierung der Auslandsdeutschen. Die Verbreitung der deutschen Sprache im Ausland war dazu geeignet, den Stolz auf die Muttersprache zu befriedigen, sie war jedoch kein Kernelement bürgerlicher Sprachauffassung. Trotzdem entsprach die nationalsozialistische Sprachpolitik der Gesinnung und ideologischen Zielrichtung der bürgerlichen Sprachliebhaber. Das Ziel der Verbreitung des Deutschen hatten die Nationalsozialisten mit den Sprachvereinsmitgliedern gemein, Unterschiede lagen in der Begründung (ideologisch oder funktional) und in der Methodik (Anziehungskraft der überlegenen deutschen Kultur oder gewaltsame Zwangsmaßnahmen).

Alle Artikel zum Thema Sprachimperialismus in „Das Reich" stammen aus dem Umkreis der Deutschen Akademie, die während des Kriegs dem Propagandaministerium unterstand. Ein Artikel wurde von Siebert verfasst (DR 40/8), ihrem damaligen Präsidenten, zwei weitere von Thierfelder (DR 40/13a, 41/46), seinem Vorgänger.[211] Da „Sprachwerbung im Ausland" zum Zuständigkeitsbereich der Akademie gehörte, müssen die Ausführungen zum Sprachimperialismus als Darlegung und Rechtfertigung der beiden Autoren interpretiert werden – eine offizielle, nationalsozialistische Sprachanschauung ist zu erwarten.

---

207  Schümer 1979, 218-223.
208  Von Polenz 1999, 214.
209  Aus der *Zeitschrift des Allgemeinen Deutschen Sprachvereins* 1914, zit. nach von Polenz 1999, 276.
210  Bernsmeier 1980, 134.
211  Thierfelder war bis Januar 1938 Generalsekretär der Deutschen Akademie, vgl. zur Einstellung Thierfelders: Schümer 1979 sowie Kapitel drei und vier seiner Monographie: Thierfelder, Franz 1941. *Sprachpolitik und Rundfunk*, Berlin.

Franz Thierfelder sieht die Aufgabe von Sprache darin, die Erfolge auf dem Feld abzusichern. Der militärische Krieg finde seine Vollendung im Sieg der Sprache. Wo die „Besatzungstruppen ihre Quartiere bezogen haben, wird Europa auf der geistig-sprachlichen Ebene zum zweiten Male erobert." Dabei würde der „kulturpolitische Kampf den selben Gesetzen gehorchen wie der auf dem Schlachtfeld, eine Stellung ist erst dann wirklich erobert, wenn sie von der Infanterie besetzt worden ist." Dem körperlichen Sieg der Truppen müsse der geistige Sieg der Sprache nachfolgen, wenn der totale Triumph des Deutschtums erreicht werden solle. Die deutsche Sprache sei „in den breiten Massen der werktätigen Bevölkerung zu verankern" (DR 40/13a). Dieser zweite Sieg, der Sieg des Geistes, sei sogar der „noch entscheidendere" (DR 41/43a). Die „NS-Sprachverbreitungspolitik"[212] wird also zum einen nationalsozialistisch-funktional mit der Absicherung der militärischen Erfolge begründet. Folgt man aber der Argumentation weiter, wird auch eine zweite, bürgerliche Argumentationslinie sichtbar.

In seinen Artikeln deutet Thierfelder den Krieg als eine geistig-sprachliche Auseinandersetzung. Aus dieser Auffassung ergibt sich der „Kriegseinsatz der Geisteswissenschaften" als logische Konsequenz: „Das Volk der Dichter und Denker ist nicht ein Volk von Poeten und Träumern, wie es so mancher in der Welt gerne sähe. Es stellt sein Erbe und seine neuen geistigen Schöpfungen in den Dienst des Kampfes, der uns aufgetragen ist." Die Frage nach dem deutschen Geist soll über die Erforschung der deutschen Sprache beantwortet werden, die Germanisten leisteten „wertvolle Beiträge zum Verständnis der deutschen Art in Sprache und Kultur, wie sie in einem lebendigen Strome durch die Jahrhunderte dahinfließen." Für diese „deutsche Art" seien „Männer wie Wilhelm von Humboldt, die Brüder Grimm, Mommsen repräsentativ" (DR 42, 22).

Diese Namen und Ideen sind eng mit dem traditionellen bürgerlichen Wissenssystem verbunden, das nunmehr den Gedankengang bestimmt: Die Welt stelle der Besatzungsmacht Deutschland „die Frage nach dem Wesen des deutschen Geistes" (DR 40/31), die Deutschland dadurch beantworten solle, dass in den eroberten Ländern die deutsche Sprache gelehrt werde. „Ein Volk kann in seiner Tiefe erst begriffen werden, wenn seine Sprache als wahre Bildungssprache und nicht nur als Verkehrsmittel jenseits der Grenzen Eingang in fremde Völker gefunden hat" (DR 40/8).

Die nationalsozialistische Sprachverbreitungspolitik wird in „Das Reich" als ein natürlicher Prozess dargestellt, der auf die überlegene deutsche Kultur zu-

---

212  Von Polenz 1999, 214.

rückgeführt werden muss. Schon in der Vergangenheit sei es „allein das Verdienst des deutschen Geistes gewesen, der es den Nachbarvölkern, wenn sie nicht entscheidend zurückbleiben wollten, zur Pflicht machte, seine Werke kennen zu lernen und aufzunehmen" (DR 41/43a). Der deutschen „Muttersprache" hätten „die großen tragenden Ideen", die von Deutschland ausgegangen seien, „den Weg in die Welt geebnet": „In den nordischen Staaten war es die Reformation, in den ost- und südosteuropäischen Ländern die völkische Romantik J. G. Herders." Nun sei es die „nationalsozialistische Botschaft", die ebenfalls nur über die deutsche Sprache zu verstehen sei. Deshalb sei der deutsche Soldat, so wird dem bürgerlichen Leser vermittelt, eben nicht nur ein Waffenträger, er sei auch und vor allem Botschafter der deutschen Sprache, sei ein „Sprachmittler" (DR 41/46).

Die Autoren verbinden also die nationalsozialistische Begründung, nach der die Sprache die militärischen Anstrengungen unterstützt, mit der klassischen bürgerlichen Auffassung, nach der sich die Verbreitung der deutschen Sprache auf Grund der Hochwertigkeit der deutschen Kultur rechtfertigt, wobei die bürgerlichen Wissenselemente die Argumentation deutlich dominieren.

**Siege der deutschen Sprache**
Die in die nationalsozialistische Politik gesetzten Hoffnungen werden durch die Verkündigung von „kulturpolitischen" Siegen bestärkt. Thierfelder vermeldet die Erfolge des bürgerlichen „Heiligtums" Muttersprache in der Zeitung „Das Reich":

> In der letzten Zeit ist durch die Presse eine Nachricht gegangen, die wenig Aufsehen erregt hat, aber kulturpolitisch geradezu als Fanal betrachtet werden muß. Am 25. Juli 1940 hat die bulgarische Regierung unter dem Titel „Bulgarische Wochenschau" eine amtliche Zeitung in deutscher Sprache gegründet, die das bisherige französisch geschriebene Organ „La Parole Bulgare" ersetzen soll. [...] Wenn jetzt das internationale Sprachrohr der Regierung in deutschem Gewande erscheint, so werden die Rückwirkungen sehr bald auch auf anderen Gebieten zu spüren sein, und es scheint nicht zu optimistisch, wenn wir feststellen, daß Deutschland nach einem langen, übrigens von beiden Seiten im allgemeinen fair geführten Kampfe in Bulgarien siegreich geblieben ist (DR 40/13a).

Der Kampf, in dem Deutschland den Sieg errungen hat, ist also der Kampf des Geistes, der Sieger ist die deutsche Sprache, welche die französische verdrängt hat. Eineinhalb Jahre später bleibt dieser deutsche Triumph nicht mehr bloß auf den Balkan beschränkt:

Wer hätte vor zehn Jahren auch nur zu hoffen gewagt, daß in Spanien Deutsch als erste Fremdsprache eingeführt werden würde! [...] Die Lehrgänge in Rumänien sind überfüllt; In Griechenland haben sich viele Lehrer wieder auf die Schulbank gesetzt, um sich soweit im Deutschen vorzubilden, daß diese Sprache an den hellenischen höheren Schulen das Französische mehr und mehr ersetzen kann (DR 41/46).

Thierfelder kommt zu dem Schluss, dass „die Fortschritte in der Verbreitung deutscher Sprachkenntnisse während der letzten zehn Jahre geradezu überwältigend sind." Der Hauptgegner im Sprachenkampf ist, ganz in der Tradition des 19. Jahrhunderts stehend, das Französische. Erfolge gegen das sich im Zuge der Industrialisierung etablierende Englisch werden nur am Rande vermerkt. „Schwere Rückwirkungen" würde der „französische Zusammenbruch auf die abbröckelnde Stellung des Französischen in der ganzen Welt haben." In Südosteuropa sei es „mit der französischen Sprachgeltung auf lange Zeit – vielleicht für immer zu Ende", schreibt Thierfelder. Und noch einmal wiederholt er den seiner Meinung nach wichtigsten Grund für die Ausbreitung, nämlich die Anziehungskraft der deutschen Kultur: Das Ausland nähme nun zur Kenntnis, „in welchem geistigen Bezirk die Zukunft des Abendlandes ihre Zelte aufgeschlagen hat" (DR 40/13a).

So ist beim Thema Sprachimperialismus zu beobachten, dass nationalsozialistische Funktionsträger in der Zeitung „Das Reich" eine Sprachverbreitungspolitik darstellen, die bürgerlichen Forderungen entspricht. Diese Politik wird größtenteils über Wissenselemente gerechtfertigt, die originär den traditionellen bürgerlichen Denkzusammenhängen zugerechnet werden müssen. Dazu zählen personale bürgerliche Miranda wie Herder, Humboldt und Grimm, der Zusammenhang von deutscher Sprache und deutschem Geist, die Unterdrückung der deutschen Kultur, die Auseinandersetzung mit Frankreich. Während vorher eine Kontinuität bürgerlicher Anschauungen festzustellen war, die der NS-Ideologie nicht widersprach oder sie zu unterstützen suchte, so kann in diesem Fall von einem nationalsozialistischen *Rückgriff* auf Bestandteile bürgerlichen Wissens gesprochen werden.

Hier deutet sich eine gezielte Instrumentalisierung des älteren Wissenssystems *Sprache* durch die Autoren an. Inwieweit setzten sie die bei den Lesern zu vermutenden Auffassungen bewusst in ihren Artikeln ein? Ähnlich wie bei Rahn ist auch bei Thierfelder in der Zeitung „Das Reich" eine ideologische Schwerpunktverlagerung im Vergleich zu seinen anderen Schriften zu beobachten. In seinem Buch „Deutsch als Weltsprache" aus dem Jahr 1938 äußert sich Thierfelder sowohl rassistisch als auch antisemitisch.[213] Im Gegensatz dazu beschränken sich seine beiden Artikel über Sprache in „Das Reich" auf einen chauvinistischen Nationalismus. Die volle ideologische Bandbreite zeigt sich in folgendem Zitat:

> Aufs Ganze gesehen wird für die Geltung der deutschen Sprache viel davon abhängen, wie der Soldat in den besetzten Gebieten seiner eigenen Sprache gegenübersteht. Sieht der Ausländer, daß er sie mit Stolz und Ehrfurcht behandelt, daß er sich der Lust, die fremde Sprache zu sprechen, wo er auch deutsch reden könnte, entschlagen [!] hat, sieht er vor allem aber auch, daß der Deutsche, jeder fremden Sprache die gleiche Achtung entgegenbringt, die er für die Muttersprache verlangt, dann ist viel gewonnen (DR 41/46).

Thierfelder fordert hier, dass der Deutsche die anderen Sprachen ebenso achte wie seine Muttersprache, eine im Kern humanitäre Forderung, die sich nach dem Ersten Weltkrieg dem wieder stärker werdenden Nationalismus entgegenstellte. Bei dem hier untersuchten Aspekt der Bedeutung von Sprache im Krieg vertreten NS-Funktionäre alte Politikziele des Sprachvereins, begründen sie mit Versatzstücken des bürgerlichen Wissenssystems *Sprache* und greifen sogar auf ehemals egalitäres Gedankengut zurück.

Es liegt die Schlussfolgerung nahe, dass die Autoren die bürgerliche Sprachideologie nicht instrumentalisierten, um die Leser ihrer Zeitung für sich einzunehmen. Viel eher scheint es, dass dieses Wissenssystem nötig gebraucht wurde, um den fehlenden rassischen Unterbau auszugleichen. Es ersetzte dort die Blut-und-Boden-Ideologie, wo diese nicht schlagkräftig anwendbar war. Eine nationalsozialistische Politik, die den Rassegesetzen aus praktischen Überlegungen heraus nicht mehr folgen konnte, instrumentalisierte bürgerliches Wissen als ideologische Stütze.

Dieses Ergebnis soll nicht überbewertet werden, denn es ist lediglich ein Detail, das im Verbund mit den anderen Befunden beurteilt werden muss. Doch die Verbindung der Ideologien hat hier eine neue Qualität erreicht. Nationalsozialistische Politik und bürgerliche Anschauungen treten in einen sich gegenseitig stützenden Zusammenhang, beide Seiten sind auf die jeweils andere angewiesen: die bürgerliche Klientel auf die Realisierung ihrer konkreten politischen Ziele, die nationalsozialistischen Herrscher auf die ideologische Abstützung und Rechtfertigung.

---

213  Vgl. Schümer 1979, 218-225.

## Elsass-Lothringen und Luxemburg

> Ich deute die Zeichen und vertraue: das Elsaß ist in jeder Staatsform und
> unter jeder Herrschaft deutsch und bleibt es!
>
> Aus der Zeitschrift des Sprachvereins, 1919

Das Kernelement des bürgerlichen Wissenssystems *Sprache* bildete die gegen
den Staatenpluralismus gerichtete Auffassung, dass alle Muttersprachler des
Deutschen die deutsche Nation formieren sollten. Nach außen gerichtet führte
dies zu einem territorialen Anspruch auf die (häufig nur teilweise) deutschsprachigen Gebiete im Ausland. Diese Auffassung stürzte das Frankfurter Paulskir-
chenparlament in der Auseinandersetzung mit Dänemark um Schleswig in eine
seiner schwersten Krisen. Dagegen stärkte es das Ansehen des Kaiserreichs, da
es Elsass-Lothringen als Reichsland „wieder eindeutschte." Während des Ersten
Weltkriegs steigerte der Sprachverein seine Anstrengungen für eine „Entwelschung" Elsass-Lothringens, wobei die dortigen Zweigvereine von der Entfer-
nung französischer Orts-, Straßen- und Flurnamen bis hin zum Verbot französischer Grußformeln (zum Beispiel *adieu*) viele Maßnahmen der deutschen Verwaltung vorantrieben.[214] Nach dem verlorenen Krieg verschärfte sich die antifranzösische Rhetorik weiter und die Unterstützung der Auslandsdeutschen bei
der Pflege ihrer Muttersprache wurde ein zentrales Anliegen des Sprachvereins.[215]

Die „Wiedereingliederung" Luxemburgs und Elsass-Lothringens in das
„deutsche Mutterland" 1940 erfüllte die bürgerliche Forderung nach sprachlicher Einheit der Nation. In der Zeitung „Das Reich" wird diese Maßnahme der
nationalsozialistischen Führung nicht mit der Rassenzugehörigkeit der betroffenen Bevölkerung, nicht mit dessen germanischem Blut begründet, sondern – wie
nach den bisherigen Ergebnissen zu erwarten war – mit der Muttersprache.

Nach dem Grimmschen Grundsatz „Die Sprache bildet die Völker und hält
sie zusammen" (DR 40/23) genügt den Kriegsbeobachtern in „Das Reich" eine
Untersuchung der in den angegliederten Gebieten benutzten Sprache, um die
Annexion zu rechtfertigen: Ortsnamen, Familiennamen, Grammatik und Wortschatz bezeugten das Deutschtum in diesen Landstrichen. „Die Sprache ist das

---

214 Vgl. *Zeitschrift des Allgemeinen Deutschen Sprachvereins* 31, 1916, 4-7 und 40-44.
Vgl. auch von Polenz 1999, 117-118 und 274-276.
215 Das Thema war während der Weimarer Republik auch immer wieder in der Tagespresse
mit Schlagzeilen wie „Frankreichs Vernichtungskrieg gegen die deutsche Sprache" oder „Die
ungeheuerliche Sprachtyrannei der Franzosen in Elsaß-Lothringen" präsent. Vgl. *Muttersprache* 40, 1925, 270.

ewige Gewissen einer jeden Volksgemeinschaft", stellt ein Autor die Bedeutung von Sprache klar (DR 40/6). Dabei bezieht er sich vor allem auf Ortsnamen, die unter massivem Druck des Sprachvereins während des Ersten Weltkriegs eingedeutscht worden waren:

> Schiltigheim, Mundolsheim, Vendenheim, Eckwersheim. In allen diesen
> · Namen stecken altgermanische Erinnerungen aus der alemannischen
> Frühzeit. Sie enthalten jetzt noch, nach bald zweitausend Jahren und vereinzelt wahrscheinlich sogar länger die Namen der Führer, unter denen
> die Landnahme und Besiedelung erfolgte. [...] Es ist eine unabsehbare
> Reihe voreddischer, altgermanischer Vornamen, die hier auf der Landkarte eines volksdeutschen Gebietes verewigt sind, das nun abermals für
> zwei Jahrzehnte vom deutschen Reiche getrennt war. [...] So sind sie zu
> Zeugnissen der alemannischen und fränkischen Sprachgeschichte geworden, die übereinstimmend bekunden, wie alt, weit über die frühesten
> schriftlichen Aufzeichnungen zurückreichend, das Deutschtum zwischen
> Rhein und Mosel ist.

Die gleiche Argumentation wird auf Luxemburg angewendet, obwohl sich der Autor nicht einmal auf die deutsche Sprache, sondern auf das Lëtzebuergesch bezieht. Der französische Einfluss auf die luxemburgische Sprache sei rein oberflächlich gewesen, denn „dort, wo ein Auftakt der Luxemburger ‚Soziabilität' lag, in dem Sichtreffen in der Liebe zum guten Essen," hätten sich die Wörter deutschen Ursprungs erhalten: „Ein Krebs blieb ‚e Kriebs', und wurde nicht zu ‚engem écrevisse', ein Käse ‚e Ke'is', eine Forelle ‚eng Frellchen'." Weil die Luxemburger das, was ihnen am meisten am Herzen liegen würde, deutsch bezeichneten, sei ihr Wesen deutsch (DR 41/3a).

Die Autoren treten dem Verdacht, die Sprache in den Gebieten sei „französischsprachig oder doch stark verwelscht", energisch entgegen: Sie sei „deutsch, und nur deutsch." In Elsass-Lothringen hätte sich die Sprache „in der Zeit, wo das Französische als die vornehme Modesprache der Gebildeten galt", weniger Fremdwörter einverleibt als „manche innerdeutsche Mundart." Somit habe sie sogar besser das echte Deutschtum bewahrt: „Das Elsässische hat so gut wie keine französischen Lehnwörter aufgenommen; denn damals stand es in wacher Abwehr gegen die drohende Überfremdung" (DR 40/6).

Auch Luxemburg habe sich den Versuchen, die „französische Sprache in das Land einzusetzen", widersetzt, doch die französische Sprachpolitik konnte einige Erfolge verzeichnen:

> Das Trommelfeuer, mit dem die Alliance Française im Auftrag der französischen Propaganda auch den letzten Winkel des Landes bestrich, hatte

mehr als auf die Luxemburger selber auf ihre Sprache einen Eingriff erlangt, der sie zu zerweichen begann. [...] Die wahllose Einmischung französischer Wörter in die Unterhaltungssprache, auch wo die luxemburgi-
schen Bezeichnungen völlig ausreichten, wurde nach dem Krieg zu einer
modischen Unsitte.

Trotzdem sei der „westliche Eindrang in das Sprachgewebe des Volkes" nur
„wenig verwurzelt" gewesen. Die Sprache, in der sich das Volk unterhielte, habe
„den fremden Eindringlingen kein Gastrecht gewährt" (DR 41/3a).

**Entwelschung**
Die Gallizismen, die in die Sprache aufgenommen wurden, seien seit der deutschen Besetzung nicht mehr in der Sprache vorhanden:

> Wie über Nacht verschwand der Spuk der Boucheries und der Tailleurs
> aus den Firmenschildern, Grandrue und St Esprit von den Straßennamen
> und die Grotesk-Mischung aus dem Rechtswesen und von den Plakaten.
> Wer über seiner Tür ein Henry gewesen, ist jetzt ein Heinrich, und aus
> einem Pierre wurde ein Peter, und der Volkswitz machte gutgelaunt den
> Radikalismus mit, indem er ihn noch weiterführte als die amtlichen deut-
> schen Verfügungen und das bekannte Hotel, das nach dem Familienna-
> men seines Gründers Cravatte heißt, in „Hotel Selbstbinder" umbenannte
> (DR 41/3a).

Zu diesem Thema, das in der Weimarer Republik die Sprachvereinsmitglieder
besonders bewegt hatte, ist in „Das Reich" der einzige Leserbrief zur Sprache
mit einem politischen Bezug erschienen (DR 40/20). Der Leser forderte darin
die Eindeutschung des Namens Luxemburg, denn „Luxemburg hieß zur Hoch-
Zeit des Reiches Lützelburg." Das „Gebilde ‚Luxemburg'" wäre „blutleeres Pa-
pier, der Abklatsch eines für Franzosen und nach französischer Manier herge-
richteten Schriftbildes ‚Luxembourg'." Die Verdrängung des deutschen Namens
durch die französische Form gehörte mit zu den „Folgen des tausendjährigen
Abwehrkampfes an der Westgrenze." Doch nun wäre es Zeit, den Sieg des
Deutschtums über Frankreich zu vollenden; deshalb stellte der Leser die ganz
dem bürgerlichen Wissenssystem *Sprache* verpflichtete Frage: „Wird ein rein-
deutsches Land – einem geschlagenen Gegner zum Triumph – in seinem Namen
den ewigen Makel einstiger politischer und geistiger Überfremdung behalten?"
Das bürgerliche Geschichtsbewusstsein ist in sämtlichen Texten zu diesem
Thema präsent. Nach einer Zeit der „geistigen Überfremdung", die mit der Besetzung durch die französischen Revolutionstruppen begonnen hatte und durch
den Versailler Vertrag festgeschrieben worden war, wird der Krieg nun als end-

gültige Befreiung Deutschlands empfunden: Der französische „Spuk" sei „verflogen". Dafür bleibe das „Bekenntnis bestehen und leuchtet wieder auf, das in der Zeit des schwersten napoleonischen Kampfes gegen die Deutschheit Elsaß-Lothringens der Elsässer Adolf Stöber seinem Volke als Kampfschwur gegeben hat:

> Muttersprache deutschen Klanges,
> O wie hängt mein Sinn an dir!
> Des Gebetes und Gesanges
> Heil'ge Laute gabst du mir.

> Sollt' ich deine Fülle missen,
> Ach, mich kränkte der Verlust.
> Wie ein Kind, das man gerissen
> Von der warmen Mutterbrust" (DR 40/6).

Die Muttersprachideologie liegt hier in großer Reinheit vor, es lassen sich lediglich zweimal Spuren von Rassenideologie finden. In einem Artikel wird behauptet, dass Französisch im Elsass nicht hätte Fuß fassen können, weil „das französisch Parlieren der schweren alemannischen Zunge besonders wenig liegt" (DR 40/6). In der Rassenlehre wurde die verschiedene Lautung von Sprachen immer wieder mit verschiedenen physischen Konstitutionen der Rassen in Verbindung gebracht, also einer „Racenausbildung der Stimmwerkzeuge."[216] Auch in dem Artikel in „Das Reich" geht der Autor davon aus, dass ein Volk die Sprache eines anderen Volkes auf Grund seiner Veranlagung beziehungsweise seiner Art nicht beherrschen kann. Damit würde der Autor die Rasse als den Bestimmungsfaktor der Sprache anerkennen, doch im Aufsatz kommt der Begriff oder das Konzept *Rasse* sonst nicht vor.

Im zweiten Fall schließt der Artikel mit einer Blut-und-Boden-Metapher:

> Mit einer einzigen Ausnahme fließen alle Bäche und Flüßchen des schönen kleinen Landes zum Rhein, ein geographisches Sinnbild, in dem das Blut der Erde dem der Menschen den Weg zurück zeigt, über den ihnen auch die Sprache kam (DR 41/3a).

Diese Amalgamierungen bleiben beinahe vorsichtig, vergleicht man sie mit Aussagen von Sprachvereinsmitgliedern während des Ersten Weltkriegs und danach. So stellte ein Mitglied 1916 in aller Deutlichkeit fest, dass die Luxemburger ihrer „Rasse und Sprache nach ein germanisches Volk" seien. Dies wird in den

---

216  Bastian 1860, zit. nach Römer 1985, 133.

Aufsätzen, die sich mit Sprache in „Das Reich" befassen, nicht behauptet. Insgesamt lässt sich eine Kontinuität des Wissenssystems *Sprache* bis in die Formulierungen hinein feststellen. In „Das Reich" spricht der Autor von „zwitterhaft unfruchtbaren Sprachversippungen" zwischen Französisch und Deutsch, in der Sprachvereinszeitschrift wird konstatiert, dass „Zweisprachigkeit notwendigerweise zu geistiger Unfruchtbarkeit führt."[217]

Die Kontinuität des Wissenssystems *Sprache* bei Journalisten wie bei Lesern der Zeitung „Das Reich" ist verblüffend. *Blut* und *Boden* als politische Motivation des Nationalsozialismus werden aus der Argumentation ausgeblendet. Diese Durchsetzungskraft der bürgerlichen Ideologie in Bezug auf das Auslandsdeutschtum beschränke sich nicht auf Goebbels' Propagandazeitung:

> Ich wende mich an alle die, die losgelöst vom Mutterlande, selbst um das heilige Gut der Sprache zu kämpfen haben, die wegen ihrer Gesinnung der Treue dem Vaterlande gegenüber verfolgt und gepeinigt worden, und die nun in schmerzlicher Ergriffenheit die Stunde ersehnen, die sie wieder an das Herz der treuen Mutter zurückkehren läßt; ich wende mich an alle diese und weiß: Sie werden mich verstehen!

Dieses Zitat aus Hitlers „Mein Kampf"[218] zeigt deutlich, wie schwierig es ist, zwischen Rassenideologie und Sprachideologie, zwischen nationalsozialistischen und bürgerlichen Zielen zu unterscheiden. Die NS-Politik übernimmt das Konzept der Sprache, weil es eine Rassenpolitik – auf Basis der Interpretation von Sprache als Rassenmerkmal – in Elsass-Lothringen erst möglich macht. Das Rassekonzept wiederum ergänzt und stärkt den Anspruch auf die „rein deutschen" Gebiete, wo die Sprache diesen Anspruch nicht mehr hinreichend rechtfertigen kann.

Deutlich wird, dass sich die Bürger dieser nationalsozialistischen Politik nur schwerlich widersetzen konnten, ohne die eigenen Überzeugungen aufzugeben. Sie verfolgte nicht nur ihre Ziele, sondern übernahm auch ihre Denkstrukturen. Mit der Eingliederung der „auslandsdeutschen" Gebiete und der Verbreitung der deutschen Sprache in Europa erfüllte Hitler jene Versprechungen, die er dem deutschen Bürgertum gegeben hatte. Diese offensichtliche Übereinstimmung lenkt den Blick ab von der sich daran anschließenden Anschauung, von Hitlers Forderung nach dem „Frieden des Blutes", die sich nunmehr en passant in die traditionelle Weltanschauung integriert:

---

217  *Zeitschrift des Allgemeinen Deutschen Sprachvereins* 31, 1916, 23.
218  Hitler 1924, 136.

Nur wer selber am eigenen Leibe fühlt, was es heißt, Deutscher zu sein, ohne dem lieben Vaterlande angehören zu dürfen, vermag die tiefe Sehnsucht zu ermessen, die zu allen Zeiten im Herzen der vom Mutterlande getrennten Kinder brennt. Sie quält die von ihr Erfaßten und verweigert ihnen Zufriedenheit und Glück so lange, bis die Tore des Vaterhauses sich öffnen und im gemeinsamen Reiche das gemeinsame Blut Frieden und Ruhe wiederfindet.[219]

### 3.2.6 Fokus 6: „So lesen heute Soldaten einander im Bunker vor"

In ihrem Artikel „Vom Vorlesen" (DR 43/12) greift Ilse Urbach ein traditionelles, bürgerliches „Kulturverhalten"[220] auf. Die Ausbildung des Wissenssystems *Sprache* und die Konstitution des Bildungsbürgertums gingen einher mit der so genannten Leserevolution in der zweiten Hälfte des 18. Jahrhunderts, an deren Anfang die „bürgerliche Aufklärung und die bürgerliche Gefühlskultur"[221] gestanden hatte. Über die bildungsbürgerlichen Privatzirkel hinaus entwickelte sich der Wunsch nach einer „populären Gemeinschaftslektüre."[222] Dies führte zur Bildung von Lesezirkeln, Lesekabinetten und Lesegesellschaften, in denen das Vorlesen und „Raisonnieren" (im Sinne von Diskutieren) gepflegt wurde. Diese Phase endete, als 1867 die deutschen Klassiker zum Nachdruck freigegeben wurden und nun günstiger zu kaufen waren, sodass die literarischen Salons, welche die Romantik und das Biedermeier bestimmt hatten, aus der Mode kamen.[223]

Urbach knüpft in ihrem Artikel an diese Tradition an, indem sie „die Zeit vor hundert Jahren, als Deutschland langsam zu sich fand", wieder ins Gedächtnis ruft:

> Damals begegnete man den kargen äußeren Umständen mit einer reichen Innerlichkeit, die Muse lieh der Armut goldenen Glanz. Den Stil dieser Art von Geselligkeit bestimmte [...] das gemeinsame Erlebnis der Dichtung, das ein Vortragender vermittelte oder das man durch verteilte Rollen in sich einströmen ließ. Wer wollte den reimenden, Briefe und Tagebücher schreibenden Leuten Dilettantismus zum Vorwurf machen? Sie begeisterten sich für Literatur, Musik und Kunst als Reserven in einem unsicheren, eintönigen Leben.

---

219  Hitler 1924, 136.
220  Linke 1996, 23.
221  Nipperdey, Thomas 1994. *Deutsche Geschichte 1800-1866. Bürgerwelt und starker Staat*, München, 588.
222  Von Polenz 1994, 34.
223  Von Polenz 1999, 80.

Bis ins Detail gibt die Autorin die bürgerlichen Ansichten zur Lektüre aus dem Biedermeier wieder, etwa die Betonung des Vortrags. Dieser sei „entscheidend für die Wirkung eines Werkes." Der Sprecher folge mit der „Stimme den Ideen des Dichters." Die „Hochsprache" von Ludwig Tieck habe „vollendet Stimme, Atmung und Artikulation" gemischt, so wie es Goethe in seinen Regeln für Schauspieler vorgegeben habe. Die Autorin fühlt sich damit jenem bürgerlichen Kulturverhalten des beginnenden 19. Jahrhunderts verpflichtet, welches in der Tradition der Klassiker der Stimme vor allem eine „ästhetisch-sinnliche Dimension" verlieh.[224]

Goethe hatte dieser Anschauung den Weg geebnet: „Schreiben ist ein Mißbrauch der Sprache, stille für sich lesen ein trauriges Surrogat der Rede."[225] Dieser Betrachtungsweise folgt Urbach, wenn sie bedauert, dass die „jahrhundertealte Übung" des stillen Lesens „das Sprechen der Sprache eingeengt und beeinträchtigt" habe: „Der Laut ist der Leib der Sprache. Der Klang ist ihr elementarer Charakter, und die abstrakten Zeichensysteme der Schrift dienen nur der Fixierung des Sprachlauts." Hinzu tritt bei ihr noch ein zweiter Grund; die Deutschen würden sich über das Vorlesen wieder des „nationalen Gutes", ihres „eigentlichen Reichtums" bewusst werden. Dieser Prozess würde zu einer „geistigen Gemeinschaft" führen, denn „was gäbe es Verbindenderes als die Gemeinsamkeit unserer Sprache und unserer Bildung?"

Urbachs Aufruf zum Vorlesen „hinter den verdunkelten Fenstern" ist gänzlich der „Tradierung alter Werte" verpflichtet, so wie Boveri das Verhalten der bürgerlichen Journalisten in der Zeitung „Das Reich" charakterisierte. In dem Text lassen sich keine Amalgamierungen mit nationalsozialistischer Ideologie finden. Trotzdem kann nicht von einem Widerspruch zu den nationalsozialistischen Zielen ausgegangen werden, denn nicht die Herkunft, sondern die Beschaffenheit des tradierten Wertes bestimmt den Nutzen für den faschistischen Staat.

Das Vorlesen war von der Zeit der Aufklärung bis zur Mitte des 19. Jahrhunderts fast die einzige Möglichkeit der Distribution von (nicht religiösem) Wissen in weitere Gesellschaftsschichten, weil ein großer Teil der Bevölkerung nicht lesen oder sich die Bücher nicht leisten konnte. Erst die Lesegesellschaften mit angeschlossenen Leihbüchereien gewährten Zugang zur Literatur. Das Ziel der

---

224 Linke 1996, 151-169.
225 Goethe, zit. nach Frank, Horst Jochim 1973. *Geschichte des Deutschunterrichts. Von den Anfängen bis 1945*, München, 827.

Diskussionen nach den Vorlesungen war die „gegenseitige Aufklärung."[226] Auch im Nationalsozialismus wurde dem Vorlesen ein hoher Stellenwert beigemessen. Doch nun diente es dazu, die Bewegung der Massen durch die Rede zu ermöglichen. Besonders in der Schule wurde es zu einem Mittel, das Schema der „Ansprache" früh einzuprägen. Die gewünschte Haltung gegenüber einem von offizieller Seite präsentierten Text konnte durch das Vorlesen wirksam eingeübt werden: Ehrfürchtig, empfänglich und bejahend sollten sich die Zuhörer in der monologischen Kommunikationssituation verhalten.[227] Neben der Einstudierung des andächtigen Zuhörens wurde von den nationalsozialistischen Pädagogen darüber hinaus besonders die „starke gemeinschaftsbildende Kraft"[228] des Vorlesens gelobt.

Nun werden die Parallelen sichtbar: Wenn Urbach feststellt, dass „die Konzentration auf das gesprochene Wort zunächst noch schwer fallen", es aber „allmählich" besser werde, dann fordert sie den Leser damit auf, sich an das Schweigen zu gewöhnen. Wenn sie anerkennend darauf hinweist, dass in „den Lagern des Arbeitsdienstes, der Hitler-Jugend, der Wehrmacht" wieder mehr vorgelesen wird, dann ist ihr nicht bewusst geworden, dass dies diejenigen Gruppen sind, bei denen der nationalsozialistische Staat ein besonderes Interesse an der Einübung des Zuhörens hat. Das Vorlesen gehört, wie der Befehl auch, zu den sprachlichen Handlungen, die dem Adressaten die Sprachlosigkeit verordnen.[229] Das Wichtige des aufklärerischen Vorlesens, das „Raisonnieren", das Diskutieren über den Text, findet in ihrem Artikel nur am Rande Beachtung. Der bürgerlichen Tradition verpflichtet, ruft die Autorin die Soldaten auf, „im Bunker" einander vorzulesen, das Gehörte auf sich „einströmen" zu lassen. Doch sie fordert die Befehlsempfänger nicht dazu auf, das Gehörte in Frage zu stellen, die erzwungene Sprachlosigkeit zu durchbrechen.

226   Von Polenz 1999, 35.
227   Vgl. Frank 1973, 827-835.
228   Bücheler, Walther 1939. Vorlesen im Deutschunterricht, in: *Die Deutsche Höhere Schule* 6, 292.
229   Ehlich 1989, 25.

# 4 Herstellung des Einverständnisses

Die Art und Weise auf einen Punkt zu bringen, wie sich das Wissenssystem *Sprache* in die nationalsozialistische Zeitung „Das Reich" integrierte, scheint dem Analyseergebnis nicht angemessen zu sein. Zu viele Determinanten haben diesen Prozess bestimmt. Einige davon konnten in der Untersuchung nur ansatzweise oder gar nicht berücksichtigt werden: Welchen Einfluss haben die Anweisungen der staatlichen Pressekonferenz und welchen Einfluss hat die Redaktion auf die Autoren ausgeübt? An welchen Stellen kann eine Selbstzensur der Journalisten angenommen werden? Inwieweit waren sich die Autoren der ideologischen Konfliktlinien überhaupt bewusst und haben sich entsprechend verhalten? Wie hat sich der politische Hintergrund des Autors (Nationalsozialist, bürgerlicher Konservativer, linksbürgerlicher Intellektueller[230]) auf seine Argumentation ausgewirkt? Wie hat sich der berufliche Hintergrund des Autors (politischer Funktionsträger, Sprachwissenschaftler, Journalist) in seinen Artikeln niedergeschlagen?

Zu den persönlichen Faktoren tritt die Vielschichtigkeit des Subjekts. Die untersuchten Elemente des Wissenssystems *Sprache* entstammen den verschiedenen Epochen zwischen der Französischen Revolution und der Weimarer Republik. Die Bandbreite reicht von sprachphilosophischen über sprachkulturelle bis hin zu grammatischen Themen. Die Konfrontationspotenziale und Anpassungsmöglichkeiten stellen sich für jedes Teilelement der bürgerlichen Weltanschauung im Dritten Reich anders dar. Deshalb widersetzt sich der Befund jeder Verallgemeinerung. Kein Schnittmuster kann entworfen werden, welches nicht für die Mehrheit der Einzelfälle zu eng oder zu weit wäre. Aus diesem Grunde verbietet sich vorerst auch eine quantitative Auswertung der Artikel, die auf der Basis einer Kategorisierung von Transformationsprozessen die Artikel analysierte.

Weitere Untersuchungen werden das Zustandekommen von Transformierungen differenzieren müssen, ihren Zweck und ihre Wirkungsweise aufzeigen, Pa-

---

230  Vgl. Martens 1972, 54-56.

rallelen zu anderen Wissenssystemen ziehen und die hier vorliegenden Ergebnisse in Beziehung setzen. In diesem frühen Stadium der Untersuchung der Diskussionszusammenhänge des Zweiten Reichs setzt die Komplexität des Befundes jedes Unterfangen, ein zusammenfassendes Ergebnis zu präsentieren, dem Vorwurf der verzerrenden Simplifizierung aus. Dieses Defizits bewusst soll trotzdem versucht werden, als vorläufiges Resümee Tendenzen der Einordnung von traditionellen Überzeugungen in eine nationalsozialistische Zeitung beispielhaft zu skizzieren und erste Schlussfolgerungen zu ziehen.

## 4.1 Konfliktlinie 1

Der Gegensatz zwischen bürgerlichem Sprachideal und nationalsozialistischer Sprachverwendung wird in der Zeitung deutlich sichtbar. Im Zentrum dieses Konflikts steht der Gebrauch von Fremdwörtern. Weniger Angriffspotenzial bieten dagegen die Metaphern und an der Peripherie lassen sich die Hilfsverbkonstruktionen verorten. Ein markanter Bruch der bürgerlichen Sprachanschauung kann im Kern festgestellt werden, dort, wo traditionsbedingt die größte Kritik an der nationalsozialistischen Sprachverwendung zu erwarten war. Nur ein redaktioneller Artikel referiert die bürgerliche Einstellung zur Fremdworteindeutschung, doch selbst in diesem Text versucht der Autor seine nicht konformen Thesen hinter einer prinzipiellen Zustimmung zum Fremdwort zu tarnen. Je weiter sich das Objekt der Sprachkritik aber vom Zentrum entfernte, je weniger es sich auf die offizielle Sprache beziehen ließ, desto öfter und ungehinderter traten die Kontinuitäten hervor. Die Verschmelzung von Elementen beider Wissenssysteme zu einem Konstrukt konnte auf Grund der schwer zu überbrückenden Gegensätze nur in Ausnahmefällen beobachtet werden. Die unvereinbaren Auffassungen stehen sich in den verschiedenen Artikeln beziehungslos gegenüber. Ein Autor vertritt das Sprachideal von *Klarheit* und *Reinheit*, ein anderer fordert *Schlagfähigkeit* und *Überzeugungskraft*. Die Beurteilung von Wörtern erfolgt einmal nach ihrer Herkunft, ein anderes Mal nach den Möglichkeiten ihrer Verwendung. Weil ihre Bedeutung unklar sei, werden Fremdwörter wie Metaphern in „Das Reich" von der einen Seite angegriffen, von der anderen gelobt.

Das vorgängige Wissenssystem wurde nur partiell destruiert, neben der nationalsozialistischen konnte ebenso die bürgerliche Sprachauffassung vertreten werden. Auf diese Weise eröffneten sich den Jounalisten Möglichkeiten zum Widerspruch. Auf der Basis der engen Beziehung zwischen dem Zustand der Sprache und dem Zustand der Nation erlaubte Kritik an der Sprache eine vorsichtige Kritik an der nationalsozialistischen Herrschaft. Diese Möglichkeit wurde auch erkannt und genutzt, jedoch in äußerst geringem Umfang. Nur in zwei Artikeln wurden in der Tradition der „Frankfurter Zeitung"[231] die Missstände der gesellschaftlichen und politischen Wirklichkeit über die Analyse sprachlicher Ausdrücke verurteilt und Aufforderungen zum Widerspruch ausgesprochen.

Dabei bot sich dem bürgerlichen Weltverständnis in Form der sprachlichen Wirklichkeit im Nationalsozialismus eine Vielzahl von Angriffspunkten, die von der Leserschaft mit größter Aufmerksamkeit registriert wurden. Die Auswertung der Leserbriefe könnte kaum ein eindeutigeres Bild ergeben: Alle Leser, die sich zum Thema *Sprache* in „Das Reich" äußern, üben Kritik an den sprachlichen Zuständen, der weitaus größte Teil tritt dabei für die Eindeutschung bestimmter Fremdwörter ein. Ohne die Hinweise überbewerten zu wollen, kann wohl doch von einem generellen Bemühen der Redaktion ausgegangen werden, diese konfligierenden Themen aus der Zeitung herauszuhalten. Die Leser zeigten eine größere Bereitschaft als die Mehrheit der Journalisten, Forderungen zu erheben oder Vorwürfe klar auszusprechen: „Leider werden die früher vielfach stattgefundenen Verschandelungen unserer deutschen Muttersprache neuerdings wieder staunend häufig", heißt es ironisch-kritisch in einem Brief an die Redaktion (DR 40/22a).

Mit einem die Zeitung fast kompromittierenden Eifer nahmen die Leser jede sich ihnen bietende Gelegenheit wahr, die Tradition des Sprachvereins in der Fremdwortfrage fortzuführen. Ihre reflexhafte Reaktion zeigt nicht nur, welche Angriffsmöglichkeiten sich dem bürgerlichen Sprachkritiker in Form der Sprache des Nationalsozialismus offerierten. Sie macht auch eindrucksvoll deutlich, wie sehr die Leserschaft das Wissenssystem *Sprache* verinnerlicht, wie sehr es sein Denken daran ausgerichtet hatte und danach auch seine Handlungen vornahm. Und noch etwas fällt auf: Kritik an offizieller Sprache *des* Nationalsozialismus wurde nicht erst nach 1945 laut. Vorläufer lassen sich bereits in „Das Reich" finden und seine Wurzeln hat diese Kritik in den bürgerlichen Sprachanschauungen.

Das Machtinstrument *Sprache* als das wichtigste Mittel der Massenbeeinflussung konnte nicht umfassend vor dieser Kritik geschützt werden. Doch inwiefern war dies überhaupt geboten? Die bürgerliche Missbilligung bestimmter sprachlicher Handlungen blieb größtenteils im Allgemeinen und Unpolitischen. Der politische Widerspruch, selbst Kritik an der offiziellen Sprache, war die

---

231  Vgl. Martens 1972, 38-40.

Ausnahme. In den meisten Fällen muss die Kontinuität der bürgerlichen Anschauungen den nationalsozialistischen Propagandisten gar nicht unwillkommen gewesen sein. Die harmlose Beschäftigung mit Sätzen und Wörtern während eines die Welt umspannenden Krieges war dazu geeignet, den Anschein von Normalität, von Kontinuität beim bürgerlichen Leser zu erwecken. Eben diese Herstellung von Ruhe im Innern, die Herstellung des schweigenden Einverständnisses stellte in dieser für das Regime kritischsten Zeit das oberste Ziel der propagandistischen Tätigkeiten dar. Die Mehrheit der Autoren erfüllte die Voraussetzung für diese konforme, diese staatstragende Abweichung von der offiziellen Haltung zur Sprache, nämlich dass die Untersuchung der sprachlichen Form nicht zur Untersuchung ihrer Bedeutung führte. Wenn ein Artikel einen „Besuch bei Mutter Sprache" unternimmt und feststellt: „Nur zur Unterhaltung: heißt es der Getto oder das Getto? Beides ist richtig" (DR 42/34), dann hat der Autor – wenige Monate nach der Wannseekonferenz, wenige Monate vor dem Warschauer Aufstand – zwar einen politischen Schlüsselbegriff angesprochen, allein die Betrachtung beschränkt sich auf die Frage nach dem grammatisch richtigen Artikel.

In jenen seltenen Fällen, in denen offizielle Sprache als verfallend dargestellt wird, kann dies als verhohlene Kritik an den herrschenden Offiziellen gedeutet werden. Viel wichtiger scheint aber zu sein, dass sich die bürgerlichen Leser weiterhin mit einem vorpolitischen Gegenstand beschäftigten: „Flugzeuge werden zum Abschuß, Lebensmittel zur Verteilung gebracht" – was die Leser beklagen durften, waren nicht Krieg und Lebensmittelknappheit, sondern die Hilfsverbkonstruktionen, mit denen sie verkündet wurden. Konfrontation im politikfernen Bereich Sprache wurde in Maßen erlaubt, Unzufriedenheit konnte auf diese Weise in kanalisierter und traditionell unpolitischer Form zum Ausdruck gebracht werden. Ablenkung, Normalität und Kontinuität, auf diese Weise kann die Wirkung der sprachkritischen Artikel in „Das Reich" beschrieben werden.

Die gegensätzlichen Auffassungen im Bereich der Sprachpraxis stehen sich in „Das Reich" unvereinbar gegenüber, ohne dass sich ein Übergewicht zu Gunsten einer Seite oder eine Verschmelzung der beiden abzeichnen würde. Mit Ausnahme von zwei Beiträgen gerät das vorgetragene bürgerliche Wissen aber nicht in Konflikt mit den Zielen der NSDAP, es übernimmt vielmehr eine stützende Rolle im Rahmen der Ansprache der bürgerlichen Zielgruppe durch die nationalsozialistische Propaganda.

## 4.2 Konfliktlinie 2

Die zweite Konfliktlinie zwischen Rassenideologie und Sprachideologie basierte in erster Linie auf dem Anspruch beider Ideologien, die Grundlage eines Volkes zu definieren. Das Ziehen eines klaren Trennstriches ist hier jedoch bedeutend schwieriger, da sich die beiden Weltanschauungen bereits in vornationalsozialistischer Zeit gegenseitig beeinflussten. Die Grenzen zwischen den Denkzusammenhängen waren von beiden Seiten her durchlässig. Beide hatten Bestandteile der anderen Weltanschauung aufgenommen und die Möglichkeiten zur Konfrontation damit erheblich vermindert. Dabei sei an den latenten, auch über das Blut argumentierenden Antisemitismus bei den bürgerlichen Sprachkritikern erinnert sowie an die Integration der Sprache in die Rassenideologie über ihre Deutung als Rassenmerkmal. Die große Mehrheit der Wissenselemente in der Zeitung „Das Reich" ist ihrer Herkunft nach dem bürgerlichen Wissenssystem *Sprache* zuzuordnen. Doch im Unterschied zur Sprachkritik ist der Gegensatz der Auffassungen bei dieser zweiten Konfliktlinie weit weniger deutlich erkennbar. Sie ist gekennzeichnet durch Nicht-Widerspruch und Schweigen, durch Verschmelzungen von Elementen beider Wissenssysteme und durch unterschiedlich begründete gemeinsame Ziele.

### 4.2.1 Eine nicht konfligierende Kontinuität

Die Artikel, die sich mit dem Verhältnis von Sprache und Geist, Wesen und Volk auseinandersetzen, ignorieren die Rassenideologie. Dieser Befund ist durchaus problematisch in seiner Interpretation: Kann nicht schon die Nichtbeachtung der faschistischen Ideologie als Widerspruch gewertet werden, weil der politische und ideologische Totalitätsanspruch alle Bereiche des menschlichen Denkens, Fühlens und Handelns zu umfassen beanspruchte? Wenn ein Autor feststellt, dass nach Grimm die Sprache Grundlage des Volkes sei und dabei Blut und Boden in keiner Weise berücksichtigt, dann lässt sich daraus eine Kritik an der nationalsozialistischen Weltanschauung folgern. Wird das Wesen eines Menschen aus seiner Sprache abgeleitet und nicht aus seiner Rasse, kann dies nicht ohne Grund als ein Konfrontationskurs zum Nationalsozialismus aufgefasst werden.

Trotzdem soll hier anders argumentiert werden. Die nationalsozialistische Interpretation von Sprache als Ausdruck der Rasse konnte eine Kollision der beiden Konzepte weitgehend verhindern. Die Beschäftigung mit *Sprache* steht nicht in einem natürlichen Gegensatz zur Rassenideologie, nur weil diese ursprünglich das Potenzial dazu besaß. Dieses Potenzial musste ausgenutzt, die Differenzen sichtbar gemacht werden, um für den Leser auch als solche erkennbar zu sein. Wo dies nicht geschah, stellte die Sprache, leicht interpretierbar als Rassenmerkmal, kein herausragendes Problem für die nationalsozialistischen Ideologen dar.

In der Wochenzeitung „Das Reich" wurden die konfligierenden Ansichten nicht offen gelegt, nutzten die Autoren das Angriffspotenzial in ihrer Mehrheit nicht aus. Sie vertraten Auffassungen, welche die Unterschiede nicht aufzeigten, welche nicht konfrontativ waren und welche die Grenzen weiter verwischten. Lediglich einmal wurde die „blutsmäßige" Veranlagung eines Stammes gegen den ihm eigentümlichen sprachlichen Ausdruck ausgespielt. Die anderen Autoren beschränkten sich darauf, Positionen wiederzugeben, welche die Rasse- und die Raumideologie nicht beachteten, ihnen aber auch nicht widersprachen.

### 4.2.2 Eine Kontinuität, die nationalsozialistische Elemente aufnahm

Bei einer ganzen Reihe von Aufsätzen lässt sich jedoch keine reine Wiederholung der sprachideologischen Grundeinstellungen des Bürgertums feststellen. Viele integrierten nationalsozialistische Elemente in ihre bürgerlichen Anschauungen. Dies geschah nicht in Form von Artikeln, die versuchten systematisch und umfassend zwischen den Wissenssystemen einen Ausgleich zu finden. So wird die wichtige, zugrunde liegende Klammer von Sprach- und Rassenideologie über die Interpretation von Sprache als Rassenmerkmal in der Zeitung kein einziges Mal erwähnt. Stattdessen werden punktuell Bestandteile faschistischer Ideologie in die bürgerlichen Grundhaltungen eingestreut.

Dabei ist ein interessanter Unterschied zwischen den beiden Konfliktlinien zu beobachten: Die wenigen Vermischungen im Bereich der Sprachpraxis dienten allem Anschein nach dazu, Angriffe auf die nationalsozialistische Sprachverwendung zu ermöglichen. Reifferscheidt benutzt mehrmals das Wort *Rasse*, jedoch nicht im Sinne des faschistischen Konzepts *Rasse*, sondern synonym zu *Volk*. Seine nicht konformen Ausführungen zum Fremdwort und seine Kritik an der „Selbstaufgabe des Individuums" sollten damit augenscheinlich in Schutz genommen werden.

Ähnliches kann für die Aufnahme nationalsozialistischer Wissenselemente im Bereich der Sprachtheorie in dieser Form nicht festgestellt werden. Die in platonischer Tradition stehende Behauptung, Menschen sollten die Ideen des „Guten, Schönen, Wahren" verkünden, ist nicht so systemkritisch und staatsgefährdend, dass es zur Tarnung notwendigerweise des Zusatzes „sowie völkische Hochziele vollziehen" bedurft hätte. Sollte wirklich Schutz der bürgerlichen Überzeugungen das Ziel der Vermischungen gewesen sein, so hätte hier ein – größtenteils nicht zwingend gebotener – vorauseilender Gehorsam die Überlegungen der Autoren diktiert.

Wahrscheinlicher ist jedoch, dass die Amalgamierungen unbewusst in die Texte eingeflossen sind. Dafür spricht, dass die nicht originär dem bürgerlichen Wissenssystem zugehörigen Bestandteile häufig im Hintergrund, ja geradezu beiläufig auftraten. Für einen wirklichen Schutz der eigenen Aussagen kann dieser unscheinbare Einsatz nicht hilfreich gewesen sein. Als Beispiel sei an den Gedankengang zur „schweren alemannischen Zunge" erinnert, welche es den Deutschen *von ihrer biologischen Veranlagung her* unmöglich machen sollte, das Französische richtig zu sprechen: Ganz nebenbei fließt rassische Argumentation in den ansonsten rein von bürgerlichem Wissen bestimmten Beitrag ein.

Die Struktur der Artikel ist damit nicht so beschaffen, dass hier im Detail von ideologischer Amalgamierung gesprochen werden könnte, denn nicht genug prägend, nicht konstant genug erscheinen die artfremden Elemente. Und selbst diese so natürlich erscheinende Artfremdheit muss bei dem vorliegenden Befund neu bewertet werden: Der eigentliche Querstand zwischen den Wissenssystemen vermeintlich so unterschiedlicher Herkunft hat erheblich an Bedeutung verloren. Statt einer deutlich hervortretenden Konfliktlinie lassen sich Brückenköpfe ausmachen, die einen Eingang faschistischer Elemente in an sich intakte bürgerliche Wissensgebiete markieren. Diese Elemente stellen sich jedoch nicht als monströse Fremdkörper dar, sie fügen sich bruchlos und unauffällig in die bürgerliche Gedankenwelt ein.

## 4.2.3 Eine Kontinuität mit einer Kompatibilität der Ziele

Für die Konstruktion des Wissenssystems *Sprache* waren die Verflechtungen von Sprache, Geist, Wesen und Volk unersetzlich. Doch welchen Stellenwert nahmen diese häufig ins sprachphilosophische übergehenden Betrachtungen für das einfache Sprachvereinsmitglied ein? War die Reinhaltung der Muttersprache nicht nur das vorpolitische Mittel zum politischen Zweck? Wenn ja, wie sehr ließen sich dann nationalsozialistische Politik und bürgerliche Anschauungen in Einklang bringen?

Der Grund, weshalb der Nationalsozialismus nach 1933 in den Reihen der Sprachvereinsmitglieder breite Unterstützung gefunden hatte, war der gemein-

same Kampf gegen das „Undeutsche". In „Das Reich" wird die politische Führung besonders ausdrücklich für ihren Einsatz zur Stärkung des deutschen
Selbstbewusstseins gelobt, der auch der deutschen Sprache geholfen habe. Die
Deutschen hätten nunmehr zu einer ‚richtigen' Einstellung zu ihrer Muttersprache zurückgefunden, sie würden sich in Zukunft nicht mehr an fremde Sprachen
verlieren, weil der besondere Stellenwert der eigenen Sprache erkannt worden
sei. Dies war genau das Ziel der bürgerlichen Sprachanbetung gewesen: der Zu-
sammenhalt aller Deutschen durch das „Band der Sprache". Die nationalsozialistische Volksgemeinschaft war eine – wenngleich pervertierte – Form der
bürgerlichen Wunschvorstellung, die sich mit dem Muttersprachkonzept in seiner Entstehungszeit verbunden hatte.

Der Kampf gegen das Undeutsche hatte sich zu dem Zeitpunkt, als die erste
Ausgabe der Zeitung erschien, zu einem Weltkrieg gesteigert. Eines der wichtigsten Ergebnisse dieser Untersuchung ist die Erkenntnis, wie sehr das traditionelle Wissen über *Sprache* dazu geeignet war, in der Phase des potenziell größ-
ten Unmuts in der deutschen Bevölkerung die Handlungen der nationalsozialistischen Herrschaft zu rechtfertigen. In den bürgerlichen Anschauungen über
Sprache war ein bestimmtes Geschichtsbewusstsein hinterlegt, welches die Vergangenheit bewertete, die Gegenwart legitimierte und eine – bessere – Zukunft
projizierte.[232]

Der Krieg erscheint in „Das Reich" als der Überlebenskampf der deutschen
Kultur, als die erneute Verteidigung des Deutschtums gegenüber der Unterdrückung durch das Ausland, als die historische Stunde der deutschen Sprache, der
nun der ihr gebührende Platz in der Welt erobert wird. Der Zweite Weltkrieg
wird in die Tradition der deutsch-französischen Kriege eingeordnet und ein neues 1871 ist die Hoffnung, die zwischen den Zeilen sichtbar wird. Deutschland
führt eben keinen Eroberungskrieg, so suggerieren es die Artikel, sondern versucht lediglich eine falsche historische Entwicklung zu korrigieren, die Schmach
von Versailles wieder gut zu machen, die deutsche Ehre zu retten.

Die Rechtfertigung des Kriegs basiert im Wesentlichen auf der bürgerlichen
Vorstellung von der Sprachnation. Sie erzwingt die Forderung nach einem Anschluss der „auslandsdeutschen" Gebiete; Hitlers Expansionspolitik erfüllt damit, was sich das Bürgertum von ihm versprach. Mit der zu berichtigenden Entwicklung waren vor allem die Abtrennung von Elsass-Lothringen, Westpreußen
und Posen gemeint. Die Artikel in der Zeitung „Das Reich" stützen die national-

---

232  Vgl. zu Geschichtsbewusstsein: Greiffenhagen, Martin 1998. *Politische Legitimität in
Deutschland*, Bonn, 53-57.

sozialistische Politik, indem sie die Notwendigkeit des militärischen Einsatzes über die Sprache begründen.

Die nationalsozialistische Einstellung zur Sprache resultierte hingegen meistens aus funktionalen Überlegungen, etwa in der Frage der Verbreitung der deutschen Sprache im Ausland. Dem standen die idealistischen bürgerlichen Anschauungen entgegen, die sich in den Artikeln jedoch häufig durchsetzen konnten. Kompatible Ziele wurden für die Leserschaft der Zeitung in einen für sie nachvollziehbaren Begründungsrahmen eingefügt. Bürgerliche und nationalsozialistische Argumentationen ergänzten sich bruchlos. Besonders im Fall der Entwelschungs-Kampagne in Elsass-Lothringen lassen sich nationalsozialistische Politik und bürgerliches Wissenssystem *Sprache* nicht mehr trennen. Auf der Basis der Rassenideologie lässt sich das Oktroyieren der deutschen Sprache nicht rechtfertigen, doch der Anschluss des Gebiets an Deutschland erfordert es. Bezeichnenderweise benutzt Hitler selber in „Mein Kampf" das Merkmal *Sprache*, um die Eingliederung Elsass-Lothringens zu fordern. Dort, wo die Blut- und-Boden-Ideologie nicht anwendbar oder die sprachideologischen Grundeinstellungen zur Rechtfertigung deutlich besser positioniert waren, ersetzte das bürgerliche Wissenssystem das nationalsozialistische. Von einer trennenden Konfliktlinie kann an dieser Stelle nun vollends nicht mehr die Rede sein; große Schnittmengen werden offensichtlich, die vorgetragenen Argumentationsketten nehmen Bestandteile beider Wissenssysteme auf, welche sich in diesem Zusammenhang gegenseitig stützen. Traditionelles und neues Wissen werden in der Wochenzeitung „Das Reich" so angeordnet, dass sich die einzelnen Elemente nahtlos ineinander fügen und sie die Politik der Herrschenden dadurch rechtfertigen können.

### 4.2.4 Die Grenzen der Konvergenz

Das bürgerliche und das nationalsozialistische Wissenssystem in der Zeitung „Das Reich" zeichnen sich durch ihr Ineinandergreifen aus. Für einen Bereich gilt dies jedoch nicht: den Antisemitismus. Die Versuche, ihn in das integrative Konzept *Sprache* einzuflechten, waren bereits vor 1933 fehlgeschlagen. Juden ließen sich an ihrer Sprache nicht von den Deutschen unterscheiden, wie sehr ihnen auch ‚mauscheln' zur Last gelegt wurde. Die Sprachverwendungskritik an den Judaismen bot während des Dritten Reichs keine Alternative. Es war unmöglich den nationalsozialistischen Rednern bei so gängigen Wörtern wie *pleite* oder *mogeln* vorzuwerfen, sie würden jüdische Ausdrücke benutzen.

Hier lag also ein Konflikt zwischen den beiden Wissenssystemen vor, welcher durch keine ideologische Amalgamierung vermindert werden konnte. Das Sprachkonzept schloss die Juden ein, das Rassekonzept grenzte sie aus. Die Möglichkeit zum Widerspruch, die sich dadurch ergab, wurde – wie vorsichtig auch immer solch ein Text zu formulieren gewesen wäre – nicht genutzt. Die antijüdische Haltung der nationalsozialistischen Regierung hätte in der Zeitung „Das Reich" sicher nicht ohne Folgen für Autor und Redaktion in Frage gestellt werden können. Aber auch eine ideologische Stützung des Antisemitismus kann in der Zeitung nicht beobachtet werden. Von bürgerlicher Seite wurde nicht noch einmal der Versuch unternommen, Judendiskriminierung und Sprachideologie zu verbinden. Wenn der Krieg in der Zeitung „Das Reich" über die Sprache begründet werden konnte, so wurde der Antisemitismus darüber nicht geschürt. *Radebrechen* der deutschen Sprache war der schlimmste Vorwurf, der den Juden von bürgerlicher Seite gemacht werden konnte. Doch damit war es nicht möglich, das Niederbrennen von Synagogen, die Einweisung in Gettos und das Töten in Gaskammern zu rechtfertigen. Das problematische und konfliktgeladene Thema Juden musste durch Nichtbeachtung gelöst werden. Das Wissenssystem *Sprache* widersetzte sich einer direkten Instrumentalisierung für den Holocaust, aber es wurde auch nicht zu einem Mittel des Widerspruchs.

## 4.3 Zur Sprache im Faschismus

Die vorliegende Untersuchung ist im Rahmen der Diskussion über die Art und Wirkung von Sprache während des Nationalsozialismus entstanden. Deshalb soll ein kurzer Blick auf den Sprachgebrauch der analysierten Artikel, nicht auf das Diskussionsobjekt *Sprache* geworfen werden.

Die Sprache in den Artikeln kann nicht als eine „Sprache des Nationalsozialismus" charakterisiert werden, Ausnahmen bilden allerdings die beiden Aufsätze von Ludwig Siebert, dem Präsidenten der Deutschen Akademie. Sein Stil weist praktisch alle Merkmale auf, mit denen vor allem in den fünfziger und sechziger Jahren *die* nationalsozialistische Sondersprache gekennzeichnet wurde. Alle anderen Artikel zeigen weder in der Stilistik, noch in der Grammatik oder Lexik deutliche ‚nationalsozialistische' Einflüsse.[233]

Wenn es noch eines Beweises für die Unwirksamkeit des Konzepts einer Sondersprache des Nationalsozialismus bedürfte, so könnte die Verwendung des Ausdrucks *Propaganda* in den untersuchten Artikeln dafür herangezogen wer-

---

233 Vgl. zu den Kriterien einer Sprache des Nationalsozialismus: Seidel/Seidel-Slotty 1961.

den. Nach den offiziellen Sprachregelungen für die Presse durfte der Begriff, der in den Artikeln viermal vorkommt, nur für die eigene Seite benutzt werden, die feindliche Seite verbreitete (*Greuel-*)*Hetze*.[234] In den untersuchten Artikeln der Wochenzeitung „Das Reich", für die schließlich der *Propaganda*minister seine Leitartikel schrieb, wird die Sprachregelung kein einziges Mal beachtet. Mit *Propaganda* werden zweimal die öffentlichkeitswirksamen Aktivitäten Frankreichs, und je einmal diejenigen Englands und Russlands beschrieben; der Begriff wird darüber hinaus durchgehend abwertend gebraucht. Für die Tätigkeiten von Goebbels, für die der Begriff mit positiver Konnotation reserviert worden war, wird er nicht benutzt. Wenn die Anweisungen zur nationalsozialistisch korrekten Sprache schon bei solch einem zentralen Begriff wie *Propaganda* von den Journalisten selber nicht beachtet wurden, welchen Einfluss konnten die offiziellen Sprachregelungen auf die Bevölkerung allgemein gewinnen?

Mehr Erklärungskraft für die Frage nach der Wirkung von Sprache im Faschismus besitzt folgende Beobachtung: *Zucht* bedeutete in der Zeitung nicht „Schaffung einer rassischen Elite mit Hilfe von Eugenik und Rassenhygiene"[235], sondern vielmehr „Schaffung einer Bildungselite mit Hilfe von Latein und Griechisch." Für die nationalsozialistische Sprache scheint nicht so sehr die genaue Festlegung von Bedeutungen kennzeichnend – sei es im ideologischen Vokabular der NSDAP, sei es durch die Presseanweisungen des Propagandaministeriums – als ihre Anknüpfungsmöglichkeiten für vorgängiges Wissen und damit ihre weiten Interpretationsmöglichkeiten. Die Grundbegriffe waren in der Lage, Elemente unterschiedlicher gesellschaftlicher Kenntnissysteme aufzusaugen und zu verbinden. Sie waren so beschaffen, dass das Wissen und die Werte gesellschaftlicher Subjekte mit ihnen umfasst werden konnte, dass sich deren soziale Wirklichkeit mit ihnen aneignen ließ.[236]

Aber nicht nur diese Flexibilität von Ausdrücken der nationalsozialistischen Sondersprache erscheint beispielhaft für die Zeitung „Das Reich". Ein weiteres Ergebnis hat sich für die hier untersuchten Artikel über Sprache herauskristallisiert: Auch die nicht-nationalsozialistische Sprachverwendung kann typisch für Sprache im Nationalsozialismus sein. Mit der Zeitung „Das Reich" wurden gezielt Denkzusammenhänge aufgegriffen, die mit den traditionellen Schlüsselwörtern, Miranda und Denkfiguren wiedergegeben wurden. Die den Faschismus stützende Sprache war nicht nur eine spezifisch faschistische, die sich in Sprach-

---

234 Vgl. von Polenz 1999, 555.
235 Definition nicht von *Zucht*, aber von *Züchtung* bei Schmitz-Berning 1998, 706.
236 Vgl. Kopperschmidt 1991, 82-83.

regelungen und Hitler-Reden ausdrückte, sondern auch eine Sprache, welche die traditionellen Wissenssysteme der Deutschen transportierte und anpasste. Der weitaus größte Teil der Artikel zeigt eine Kontinuität des bürgerlichen Wissenssystems *Sprache*, die den Nationalsozialismus direkt oder indirekt unterstützte.

Die Wochenzeitung „Das Reich" war ein Propagandainstrument, welches das wilhelminische Sprachkonzept und mit ihm die entsprechende Begriffswelt und den dazugehörigen Sprachduktus bürgerlicher Journalisten zuließ, um die bürgerlichen Rezipienten an den Nationalsozialismus zu binden. Reifferscheidts Anklagen gegen das menschenverachtende System des Nationalsozialismus nach dem Krieg[237] sind vor dem Hintergrund zu beurteilen, dass er mit seinen Schriften in Inhalt und Form Wissen und Werte vertrat, die von den Nationalsozialisten vereinnahmt werden konnten und die als Mittel zur Stabilisierung der Herrschaft eingesetzt wurden.

## 4.4 Instrumentalisierung vorgängiger Wissenssysteme

Die Untersuchung einer Zeitung des Dritten Reichs auf Spuren von bürgerlichem Wissen des Zweiten Reichs wirft die Frage nach der Einmaligkeit dieses Prozesses auf. Die Benutzung eines – vermeintlich – fremden Wissenssystems als Mittel in der politischen Auseinandersetzung wurde in dieser Analyse für den deutschen Faschismus aufgezeigt. Liegt damit ein einzigartiger und besonders infamer ‚Trick' aus Goebbels' Propagandaministerium vor? Wie spezifisch nationalsozialistisch ist das beobachtete Vorgehen? Der Wegfall von Instanzen zur politischen Kontrolle in einem totalitären Staat begünstigt die Distribution unterschiedlichen ideologischen Materials an die entsprechenden Empfängergruppen. Aber war dies allein die entscheidende Rahmenbedingung, welche die Tradierung vorgängigen Wissens während des Dritten Reichs zum propagandistischen Erfolg werden ließ? Wo liegen die Grenzen für Amalgamierungen bei demokratischen Parteien und wo bei faschistischen? Diese Fragen können hier noch nicht in dem dafür angemessenen Umfang beantwortet werden, aber einige Überlegungen auf der Basis der vorliegenden Untersuchung seien hierzu angestellt.

Erst 1925 legte die NSDAP mit ihrer Neugründung und -ausrichtung als Sammlungsbewegung den Grundstein für ihren Erfolg, nachdem sie als ideologisch fixierte und damit wenig integrationsfähige Putschpartei gründlich ge-

---

237  Vgl. Reifferscheidt, Friedrich M. 1947. *Victor Gollancz' Ruf: Rettet Europa!* München.

scheitert war.[238] Die Phase ihrer breitesten ideologischen Diversifikation fiel in die Zeit der Weimarer Republik, die so genannte Kampfzeit der Partei.[239] Doch auch die martialische Bezeichnung kann nicht darüber hinwegtäuschen, dass es eine Zeit der Betätigung unter den äußeren Bedingungen einer Demokratie war. Erst die Entscheidung für das demokratische Bemühen um die Zustimmung der Bevölkerung zur politischen Machtausübung erforderte die Einbindung von politisch Andersdenkenden. In dieser Zeit lernte die Partei die Techniken und Spielregeln für die „Politik unter den Bedingungen der gesellschaftlichen Massentätigkeit"[240]. Sie öffnete sich für politisch Nahestehende auch, indem sie eine integrationsfähige Parteistruktur annahm und damit für ganz unterschiedliche Gruppen wählbar wurde.

In der Tat scheint die Demokratie durch den Kampf um den Wähler eine Offenheit der Wissenssysteme zu unterstützen, die in diktatorischen Systemen nicht notwendig ist. Bei der programmatischen Entwicklung der westdeutschen Parteien nach 1945 lässt sich wiederholt und an markanten Stellen die Verschmelzung gegensätzlichen Gedankengutes registrieren; als Stichwort sei der unter starken sozialistischen Strömungen in Europa geprägte konservative Ausdruck *soziale Marktwirtschaft* genannt. Nach dem Ende des Ost-West-Konflikts haben besonders die linken Parteien in den westlichen Demokratien mit großem Erfolg die Vermischung von konservativen mit klassischen linken Ideen betrieben (der *New Democrat* Clinton in den USA, *New Labour* in Großbritannien, die deutsche Sozialdemokratie mit der *neuen Mitte*). Die Auflösung der großen gesellschaftlichen Schichten in den westlichen Demokratien und die zunehmende Individualisierung der Wählerschaft fördern noch die Tendenz zur ideologischen Vermischung, fördern die „politische Beliebigkeit". Die Offenheit für andere Denkzusammenhänge scheint geradezu eine Voraussetzung für Politik in pluralistischen Demokratien zu sein: Die komplizierten Prozesse der Machtausübung und -erhaltung, der Zwang zum konstruktiven Kompromiss erfordern den politischen Interessenausgleich und fördern damit den Austausch der Wissenssysteme.

Die Verknüpfung unterschiedlicher Wissenshorizonte und ihre Instrumentalisierung zur Gewinnung der Massen ist also weder genuin nationalsozialistisch, noch per definitionem antidemokratisch. Basis für die funktionalen Vermi-

---

238 Vgl. Kolb, Eberhard 1993. *Die Weimarer Republik*, 3. Auflage, München, 107-109, 113-115.
239 Ehlich 1989, 17.
240 Ehlich 1989, 14.

schungen scheint ein die unterschiedlichen Gruppen einigender Grundkonsens zu sein. Für Westdeutschland ließe sich dieser mit den Werten Demokratie, Freiheit und Marktwirtschaft umreißen. Durch diesen haltgebenden Rahmen eines prinzipiellen Einverständnisses über die politischen Leitlinien für ein Land lässt sich vor allem bei den Volksparteien eine breite programmatische Diversifizierung und eine große Schnittmenge in den Wissenssystemen feststellen. Diese Diversifikation der möglichen inhaltlichen Standpunkte bildet wiederum die Voraussetzung für die gesteigerte Integrationsfähigkeit dieser Parteien gegenüber den kleinen Interessensparteien.

Unter den demokratischen Bedingungen der Weimarer Republik baute die NSDAP ihre Fähigkeit zur Integration verschiedener gesellschaftlicher Gruppen auf, während sich die anderen Parteien zur gleichen Zeit zunehmend zu Vertretern von Partikularinteressen entwickelten.[241] Die Integrationsfähigkeit basierte auf einem Konsens über die prinzipielle politische Richtung; der haltgebende Rahmen bestand vor allem in einer anti-demokratischen, nationalistisch-chauvinistischen Grundhaltung der Partei. Unterhalb des einigenden Selbstverständnisses wurde jedoch genügend Raum gelassen für die Ansammlung unterschiedlichster, auch konfligierender Denkzusammenhänge. Das Wissenssystem *Sprache* war eines der weltanschaulichen Systeme, welches diesen Grundkonsens tragen konnte. Damit führen diese Beobachtungen wieder zur Ausgangsfrage der Untersuchung zurück, die nunmehr abschließend beleuchtet werden soll: Wie fügte sich das bürgerliche Wissen über Sprache in die nationalsozialistische Herrschaft ein?

## 4.5 Die Nähe der Wissenssysteme

Der Anschluss von deutschsprachigen Gebieten, die Revanche mit Frankreich und die Anerkennung der deutschen Kultur im Ausland: Der Nationalsozialismus brachte dem Bürgertum die Umsetzung einiger seiner politischen Wünsche. Diese Erfolge wurden in „Das Reich" kommuniziert, sie konnten, ja beinahe mussten von den bürgerlichen Lesern verstanden und unterstützt werden. Doch der Nationalsozialismus brachte auch die Umsetzung der Rassenpolitik, die der Leserschaft mit bürgerlichen Werten allein nicht erklärt werden konnte.

---

241  Vgl. Falter, Jürgen W. 1998. Wahlen und Wählerverhalten unter besonderer Berücksichtigung der NSDAP nach 1928, in: Karl Dietrich Bracher u.a. (Hrsg.), *Die Weimarer Republik 1918 – 1933. Politik – Wirtschaft – Gesellschaft*, Bonn, 494.

Der Krieg gegen den Erbfeind Frankreich stieß auf Verständnis, doch den Lebensraumkrieg gegen die slawischen „Untermenschen" konnte das Sprach-Konzept nicht tragen. Die Entwelschung in Elsass-Lothringen stellte eine große Genugtuung dar, doch die nationalsozialistischen Methoden wie Bücherverbrennungen, Zwangsumsiedelungen und Verschleppungen in ein KZ-ähnliches Umerziehungslager[242] waren für bürgerliche Vorstellungen zu radikal. Die ersten Schritte der nationalsozialistischen Führung wurden von jenen, welche das Wissenssystem *Sprache* verinnerlicht hatten, als Erfüllung ihrer prioritären politischen Wünsche begrüßt. Die weiteren Schritte, die auf der Rassenideologie basierend weit über die bürgerlichen Ziele hinausgingen, wurden dann von ihnen hingenommen, sanktioniert, geleugnet, verschwiegen.

Die Fortführung des Wissenssystems *Sprache* sicherte für den bürgerlichen Teil der Bevölkerung eine Kontinuität in den Denk- und Handlungsstrukturen ab. Das althergebrachte Weltwissen musste unter dem Druck der radikalen faschistischen Anschauungen nicht aufgegeben werden, weil es gleitende Übergänge zwischen ihnen gab. Nationalsozialistische Politik konnte mit Elementen traditionellen Wissens verstanden, die Logik der Argumentationen nachvollzogen werden. Zum Teil war eine Interessengleichheit vorhanden, welche die nationalsozialistische Herrschaft in die Lage versetzte, sich als der Vollstrecker bürgerlicher Wünsche zu präsentieren.

Der Charakter des traditionellen Wissenssystems *Sprache* war so beschaffen, dass es unter Druck frei verfügbar wurde und sich widerstandslos unterordnete.[243] Die beabsichtigte „Tradierung alter Werte" wurde zu einer Transformierung, die den Nationalsozialismus positiv auflud, die ihn damit stützte. Die Leser der Zeitung „Das Reich" wurden nicht allein mit einer spezifisch nationalsozialistischen Sprache geködert, durch ihre eigene, tradierte Sprache, durch Teile ihrer eigenen, verformbaren Weltanschauung ergaben sich Zugänge zur nationalsozialistischen Herrschaftsideologie. Die reine Wiederholung bürgerlicher Anschauungen kann deshalb nicht als Konfrontation bewertet werden, weil nichts anderes das Ziel von Goebbels Wochenzeitung war: Bürgerliche Journalisten schrieben für bürgerliche Leser über bürgerliche Themen. „Das Reich" sollte eben kein rassistisches, antisemitisches ‚Hetzblatt' sein; das Konzept der Zeitung basierte auf der Kontinuität einer bürgerlichen Weltanschauung, welche die Konflikte zur nationalsozialistischen Ideologie nicht sichtbar werden ließ, die Schnittmengen jedoch offen legte. Die vorhandenen Vorstellungen sollten

---

242  Vgl. von Polenz 1999, 149.
243  Vgl. Müller 1964, 15.

Bestätigung erfahren, sie sollten sich mit der nationalsozialistischen Herrschaft verbinden. Wenn auch in den hier untersuchten Artikeln – in der ideologischen Mikrostruktur – nicht häufig von ideologischer Amalgamierung gesprochen werden konnte, so bildet das Wissenssystem *Sprache* insgesamt doch einen Teil des bürgerlichen Elements der Zeitung, welches neben dem nationalsozialistischen Element auch vertreten wurde. In der Makrostruktur spiegelt sich die ideologische Struktur des Faschismus so wider, wie Ehlich sie beschrieben hat: ein Amalgam.

Die „Reich"-Mitarbeiterin Boveri gab rückblickend an, sie hätte sich während ihrer journalistischen Arbeit im Dritten Reich immer eines gefragt: „Ist es erlaubt, öffentlich etwas auszusprechen, was zwar richtig ist, aber durch das Ausgesprochenwerden dem Gegner [...] nützen kann?"[244] Doch muss die Frage nicht lauten: Warum war so vieles, was die Deutschen damals für richtig hielten, dem Nationalsozialismus nützlich? Die Tradierung des bürgerlichen Wissenssystems *Sprache* durch die bürgerlichen Journalisten konnte keinen Erfolg haben, weil sich dieses Wissen allzu häufig als Helfer Hitlers herausstellte. Die Leser der Zeitung wurden mit dem traditionellen Wissenssystem *Sprache* konfrontiert, welches eben nicht in Konflikt mit, sondern in einer stützenden Nähe zum herrschenden Wissen stand.

Die durchgeführte Analyse basierte auf einem Vergleich von zwei scheinbar unvereinbaren, scheinbar artfremden Wissenssystemen. Welche traditionell bürgerlichen Auffassungen korrelierten mit welchen nationalsozialistischen und welche nicht? Von dieser Ebene würde es sich lohnen zu abstrahieren: Welche zugrunde liegenden Denkstrukturen oder Erklärungsmuster teilen die verschiedenen Wissenssysteme? Auch wenn erst weitere Untersuchungen detailliertere Schlüsse zulassen können ist es möglich, Umrisse schon zu skizzieren, denn wie ein roter Faden zieht sich durch die analysierten Sprachartikel eine Nähe der basalen Begründungszusammenhänge zwischen den Anschauungen, die sich vor allem in Kategorien wie Dominanz und Unterwerfung, Minderwertigkeit und Höherwertigkeit, Fremdheit und Deutschheit bewegen.

„Ein reiner Organismus wird durch einen fremden Eindringling von innen zerstört" ist eines der ideologischen Konstrukte, die beide Wissenssysteme teilen. Der Organismus ist in der bürgerlichen Weltanschauung die *Sprache*, sie wird durch Fremdwörter verunreinigt. Engel nennt diesen Vorgang die *Verwelschung* des Deutschen und prägt damit eine beispielhafte Denkfigur, die insgesamt oder teilweise in vielen Artikeln in „Das Reich" aufgegriffen wird. Auch

---

244  Boveri 1965, 190.

Hitler sieht Deutschland von der *Verwelschung* bedroht[245], er jedoch versteht sie als *Verjudung*: Die arische Rasse würde durch fremdes Blut zersetzt werden. In seiner Dissertation über „Nationalsozialismus und deutsche Sprache" aus dem Jahr 1935 definiert Pechau *Verwelschung* als „Herabsetzung des Germanischen durch die Aufnahme von Minderwertigem."[246] Diese Art und Weise der rassischen Argumentation konnte bei den Bürgern nicht auf völliges Unverständnis treffen.

Das zweite Beispiel bietet die Art der Begründung von getroffenen Entscheidungen. Die letzte Instanz für die Bewertung von Sprache ist das ,ausgeprägte' oder ,feine' *Sprachgefühl*, welches der Autor sich und seinen bürgerlichen Lesern zuschreibt.[247] Diese Berufung auf das *Gefühl* wird auch einigen Artikeln in „Das Reich" angeführt, darunter ein Artikel über die Sprache des Gesetzes (DR 43/35). Doch der Autor verwendet den Begriff nicht nur für die Sprache, sondern auch für die Auslegung der Gesetze. Die neue Art der Gesetzessprache erlaube es den Richtern, sich nicht mehr zu sehr an die rationalen Gesetzestexte zu halten. Sie könnten nunmehr nach ihrer persönlichen Einschätzung urteilen, nach ihrem ,gesunden Rechtsempfinden'. Ohne die Auswirkungen dieser Denkfigur überschätzen zu wollen, scheint die Frage doch berechtigt zu sein, inwieweit das deutsche Bürgertum Entscheidungsprozessen, die auf Grund des dem Menschen innewohnenden *Gefühls*, des *Empfindens* oder des *Instinkts* getroffen wurden, von vornherein ablehnend gegenüber stehen konnte.

Die Determinierung des Einzelnen durch die Sprache einerseits und das Blut andererseits, die Überlegenheit der deutschen Sprache beziehungsweise des deutsch-arischen Kulturbegründers, die Pflege der Sprache und des Blutes zur Reinhaltung eines Organismus – waren die Erklärungsmuster nicht so kompatibel, dass sie den möglichen Widerstand gegen den Nationalsozialismus absorbierten? Ähnelten sich nicht die zugrunde liegenden Denkstrukturen auf eine Art und Weise, dass sie den Nationalsozialismus in seiner Logik stützen mussten?

So sehr in dieser Arbeit auch nach Frontstellungen und Konfliktlinien zwischen traditionellem und neuem Wissen geforscht wurde, so sehr offenbart sie doch vor allem das Gegenteil: die Abwesenheit von Konflikten. Das ursprünglich egalitäre und integrative Sprachkonzept des deutschen Bürgertums fügte sich bruchlos in die nationalsozialistische Zeitung auf der Basis eines Grund-

---

245 Vgl. Hitler 1924, 349.
246 Pechau, Manfred 1935. *Nationalsozialismus und deutsche Sprache*, Diss., Greifswald, 92-93.
247 Vgl. Wustmann 1903, IX und Dunger 1922.

konsenses ein, der sich nicht allein auf den nationalistischen und chauvinistischen Kern beschränkte. Es sind die vielfältigen Verknüpfungen der beiden Wissenssysteme, das ungestörte Nebeneinander, die Verschränkungen, die gegenseitige Begründungshilfe der beiden Denkzusammenhänge, die erstaunen. Die Nähe der Wissenselemente, der Wertvorstellungen und der sinnstiftenden Horizonte machte das bürgerliche Wissenssystem *Sprache* als Plattform des Widerspruchs so schwankend. Durch eine nahezu osmotische Verbindung mit nationalsozialistischem Denken konnte das Wissenssystem *Sprache* eine tragende Rolle bei der Herstellung des Einverständnisses zwischen bürgerlicher Leserschaft und faschistischer Herrschaft einnehmen.

# 5 Ausblick: Von der Schuld der Sprache und der Unschuld der Überzeugungen

Das bürgerliche Wissenssystem *Sprache* hörte nach der „Stunde Null" nicht auf, das Bewusstsein der deutschen Bevölkerung zu beeinflussen. Die bürgerliche Sprachkritik hatte das Potenzial, den Nationalsozialismus anzugreifen. Dies hatte Reifferscheidt in „Das Reich" gezeigt, indem er die Kritik an Hilfsverbkonstruktionen zu einer Kritik an den gesellschaftlichen Zuständen erweiterte. Nur an diesem Punkt hatte das traditionelle Wissen die Kraft zum Widerspruch entwickelt und genau an diesem Punkt setzte nach dem Krieg eine Sprachkritik an, die nichts als so wesentlich ansah, „wie die façon de parler."[248]

Wenn Sternberger/Storz/Süskind schreiben: „Der Verderb der Sprache ist der Verderb des Menschen"[249], dann kann dies durchaus in Argumentationsart und Sprachduktus mit den Ausführungen Engels über den Zusammenhang von Sprache und Wesen verglichen werden. Wenn Klemperer feststellt, dass „im Stil seiner Sprache das Wesen des Menschen hüllenlos offen liegt", dann ist er, der jüdische Deutsche, der traditionellen bürgerlichen Sprachanschauung verpflichtet, welche die Juden in die Nationalgemeinschaft integrierte, welche es aber trotzdem nicht geschafft hatte, sich eines Grundkonsenses mit dem Nationalsozialismus zu entziehen. „Wörter können wie winzige Arsendosen sein"[250], fährt Klemperer fort und suggeriert damit, dass ein Organismus durch eine bestimmte Sprache vergiftet wurde. Wie vor dem Nationalsozialismus Fremdwörter dafür verantwortlich gemacht wurden, das deutsche Wesen mit undeutschen Anschauungen zu zersetzen, so waren es nach 1945 die faschistischen Wörter, die in das – anscheinend vorher intakte – Wissens- und Wertesystem der Deutschen eingebrochen waren.

Die Nationalsozialisten hätten „Worte und Wortformen und Satzgruppen mit ihrem Gift durchtränkt", schreibt Klemperer und fordert deshalb, die Sprache

---

248  Sternberger, Dolf/Storz, Gerhard/Süskind, W.E. 1957. *Aus dem Wörterbuch des Unmenschen*, Hamburg, 9.
249  Ebenda.
250  Klemperer 1975, 21, 27.

des Faschismus „ins Massengrab zu legen."[251] So wie der Sprachverein immer vehement für ein „Sprachpflegeamt" eingetreten war, so fordert Klemperer nach dem Krieg die Einsetzung eines „antifaschistischen Sprachamtes."[252] Der korrekte sprachliche Ausdruck sollte die korrekte Gesinnung der Sprachgemeinschaft anzeigen, das „Wesen des Unmenschen" wurde aus der „Sprache des Unmenschen" abgelesen.

Erhalten hatte sich nach 1945 die Einheit von Sprache und Wesen, welche die Basis für eine massiv vorgetragene Sprachkritik bildete. Doch die Ächtung des nationalsozialistischen Vokabulars und Stils, genauso wie vorher die Ächtung von Anglizismen und Gallizismen, konnte das angestrebte Ziel der Ächtung der Inhalte nicht erreichen. Der Angriff auf den Stil, auf die „façon de parler" lenkte den Blick gerade weg von den Inhalten. Diese Art der Argumentation verdeckte eine andere Beobachtung Klemperers: Die „nazistische Sprache" habe vieles „von vorhitlerischen Deutschen"[253] übernommen.

Diese Übernahme war jedoch keine Durchtränkung mit Gift, weil die Beschaffenheit des Vorhandenen dies häufig nicht erforderte. Deshalb war es so wichtig, nach 1945 die Herstellung des Einverständnisses zwischen eigenen Überzeugungen und denen des Dritten Reichs zu verdrängen. Dort, wo das Wissenssystem *Sprache* nicht Sprachkritik war, hatte es sich dem Nationalsozialismus im besten Fall nicht entgegengestellt, im schlechtesten ihn gestützt. Mit wenigen Ausnahmen der Verurteilung von Fremdwörtern, Metaphern und Hilfsverbkonstruktionen in der offiziellen Sprache ließen sich die bürgerlichen Sprachanschauungen eingliedern, amalgamieren oder zur Ablenkung und Rechtfertigung benutzen. Durch den Grundkonsens der vorgängigen Wissens- und Wertegefüge mit der nationalsozialistischen Weltanschauung war der traditionelle Denkzusammenhang zu einer Abrechnung mit dem Faschismus nur eingeschränkt zu gebrauchen. Einzig die Kritik an der nationalsozialistischen Sprachverwendung führte in „Das Reich" auf einen Konfrontationskurs mit Hitler und allein die Wortwahl des Faschismus schien nach 1945 wieder geeignet, um mit Hitler abzurechnen.

Die Erkenntnis der möglichen Kompatibilität von bürgerlichem und nationalsozialistischem Weltwissen hätte eine Destruktion und Rekonstruktion der eigenen Vorstellungen nach dem Zusammenbruch gefordert. Hatte jedoch eine fremde, „vergiftete" Sprache die eigenen – richtigen – Anschauungen bloß zeit-

---

251  Klemperer 1975, 27.
252  Zit. nach Ehlich 1998, 288.
253  Klemperer 1975, 27.

weise gelähmt, mussten diese nicht prinzipiell in Frage gestellt werden. Das bürgerliche Wissenssystem *Sprache* hatte in den Anfangsjahren der Bundesrepublik eine letzte, wichtige Funktion zu erfüllen: den Beweis der Unschuld der eigenen Überzeugungen durch den Beweis der Schuld der Sprache der Täter.

# Literatur

## Artikel aus „Das Reich"

DR 40/6: Scheuermann, Wilhelm, Elsässer Dytsch. In: „Das Reich" Nr. 6 (30. Juni 1940).

DR 40/7: Korn, Karl, Landsleute. In: „Das Reich" Nr. 7 (7. Juli 1940).

DR 40/8: Siebert, Ludwig, Die Deutsche Akademie. In: „Das Reich" Nr. 8 (14. Juli 1940).

DR 40/10a: Raschke, Martin, Die sächsische Sprechweise. In: „Das Reich" Nr. 10 (28. Juli 1940).

DR 40/10b: Etzdorf, Walther von, Die „Auserwählten". Zur Genealogie der britischen Geistesart. In: „Das Reich" Nr. 10 (28. Juli 1940).

DR 40/12: Leser-Zuschriften, Zu viel Einsatz? In: „Das Reich" Nr. 12 (11. August 1940)

DR 40/13a: Thierfelder, Franz, Deutsche Sprache in Südosteuropa. In: „Das Reich" Nr. 13 (18. August 1940).

DR 40/13b: Leser-Zuschriften, Das Wort „Clearing". In: „Das Reich" Nr. 13 (18. August 1940).

DR 40/15: Leser-Zuschriften, Das Wort „Clearing". In: „Das Reich" Nr. 15 (1. September 1940).

DR 40/17: Leser-Zuschriften, Das Wort „Clearing". In: „Das Reich" Nr. 17 (15. September 1940).

DR 40/18a: o. V., Flucht aus dem Verb. In: „Das Reich" Nr. 18 (22. September 1940).

DR 40/18b: Weise, Gerhard, Das Mißverstandene Lied. In: „Das Reich" Nr. 18 (22. September 1940).

DR 40/20: Leser-Zuschriften, Behält Luxemburg seinen französischen Namen? In: „Das Reich" Nr. 20 (6. Oktober 1940).

DR 40/22a: Leser-Zuschriften, Stattgefunden, staunend. In: „Das Reich" Nr. 22 (20. Oktober 1940).

DR 40/22b: Leser-Zuschriften, Wider das 'Erhebliche'. In: „Das Reich" Nr. 22 (20. Oktober 1940).

DR 40/23: Flügel, Heinz, Geist und Natur, der Sprache. In: „Das Reich" Nr. 23 (27. Oktober 1940).

DR 40/27: Pintschovius, Karl, Tod oder Ende? In: „Das Reich" Nr. 27 (24. November 1940).

DR 40/31: o. V., Die deutsche Sprache. In: „Das Reich" Nr. 31 (22. Dezember 1940).

DR 41/1: Haering, Theodor, Warum sie „Gogen" heissen. In: „Das Reich" Nr. 1 (5. Januar 1941).

DR 41/2: Schöffler, Herbert, Der Witz der deutschen Stämme. In: „Das Reich" Nr. 2 (12. Januar 1941).

DR 41/3a: Jacques, Norbert, Die Luxemburger und ihre Sprache. In: „Das Reich" Nr. 3 (19. Januar 1941).

DR 41/3b: Schöffler, Herbert, Der Witz der deutschen Stämme II. In: „Das Reich" Nr. 3 (19. Januar 1941).

DR 41/4a: Günther, Joachim, Sprachzucht – Sprachkunst. In: „Das Reich" Nr. 4 (26. Januar 1941).

DR 41/4b: Schöffler, Herbert, Der Witz der deutschen Stämme III. In: „Das Reich" Nr. 4 (26. Januar 1941).

DR 41/5: Schöffler, Herbert, Der Witz der deutschen Stämme IV. In: „Das Reich" Nr. 5 (2. Februar 1941).

DR 41/6a: Haller, Hanns, Sprache des Funks. In: „Das Reich" Nr. 6 (9. Februar 1941).

DR 41/6b: Schöffler, Herbert, Der Witz der deutschen Stämme V. In: „Das Reich" Nr. 6 (9. Februar 1941).

DR 41/7: Schöffler, Herbert, Der Witz der deutschen Stämme VI. In: „Das Reich" Nr. 7 (16. Februar 1941).

DR 41/8: Schöffler, Herbert, Der Witz der deutschen Stämme VII. In: „Das Reich" Nr. 8 (23. Februar 1941).

DR 41/11: Rahn, Fritz, Die Benennung der Zeitwortformen. In: „Das Reich" Nr. 11 (15. März 1941).

DR 41/13: Reifferscheidt, Friedrich M., Wortprothesen. In: „Das Reich" Nr. 13 (30. März 1941).

DR 41/16: Betz, Werner, Riksmaal oder Landsmaal? In: „Das Reich" Nr. 16 (20. April 1941).

DR 41/17: Rahn, Fritz, Der Grammatik eine Gasse! In: „Das Reich" Nr. 17 (27. April 1941).

DR 41/19: Pintschovius, Karl, Die Zucht der Sprache. In: „Das Reich" Nr. 19 (11. Mai 1941).

DR 41/20: Günther, Joachim, Beiträge zum deutschen Geist. In: „Das Reich" Nr. 20 (18. Mai 1941).

DR 41/22a: Reifferscheidt, Friedrich M., 'Unter Beweis gestellt'. In: „Das Reich" Nr. 22 (1. Juni 1941).

DR 41/22b: Rahn, Fritz, Reale Bierwirtschaft. In: „Das Reich" Nr. 22 (1. Juni 1941).

DR 41/31: Stupperich, Robert, Die Sprachen der Sowjetunion. In: „Das Reich" Nr. 31 (3. August 1941).

DR 41/33: Groeben, Margarete v. d., Seit wann haben wir Geschmack? In: „Das Reich" Nr. 33 (17. August 1941).

DR 41/36: Reifferscheidt, Friedrich M., In Sachen der Sprache. In: „Das Reich" Nr. 36 (7. September 1941).

DR 41/37: Rahn, Fritz, Die Reform der deutschen Rechtschreibung. In: „Das Reich" Nr. 37 (14. September 1941).

DR 41/42: Reifferscheidt, Friedrich M., Fremdwort und Sprachreinigung. In: „Das Reich" Nr. 42 (19. Oktober 1941).

DR 41/43a: Günther, Joachim, Neue deutsche Sprachlehre. In: „Das Reich" Nr. 43 (26. Oktober 1941).

DR 41/43b: Müller, Wolfgang, Anpassung? In: „Das Reich" Nr. 43 (26. Oktober 1941).

DR 41/46: Thierfelder, Franz, Soldaten als Sprachmittler. In: „Das Reich" Nr. 46 (16. November 1941).

DR 41/52: Goebbels, Joseph, Was ist ein Opfer? In: „Das Reich" Nr. 52 (28. Dezember 1941).

DR 42/1: Reifferscheidt, Friedrich M., Gnade für das Eigenschaftswort. In: „Das Reich" Nr. 1 (4. Januar 1942).

DR 42/8: Strehle, Hermann, Sprachsinn und Sprachlaut. In: „Das Reich" Nr. 8 (22. Februar 1942).

DR 42/14: Haering, Theodor, Der Schwaben doppeltes „ja". In: „Das Reich" Nr. 14 (5. April 1942).

DR 42/21: o.V., Die Metapher. „Das Reich" Nr. 21 (24. Mai 1942).

DR 42/22: Hartmann, Hans, Der Kriegseinsatz der Geisteswissenschaften. In: „Das Reich" Nr. 22 (31. Mai 1942).

DR 42/34: Thierbach, K., Die getötete Drohne. Kurzer Besuch bei Mutter Sprache. In: „Das Reich" Nr. 34 (23. August 1942).

DR 43/3: Urbas, Emanuel, Die Magie des Wortes. In: „Das Reich" Nr. 3 (17. Januar 1943).

DR 43/12: Urbach, Ilse, Vom Vorlesen. In: „Das Reich" Nr. 12 (21. März 1943).

DR 43/33: Topitsch, Wilhelm Ludwig, Hang und Zwang zur Kürze. In: „Das Reich" Nr. 33 (15. August 1943).

DR 43/35: Thieme, Franz, Sprache des Gesetzes. In: „Das Reich" Nr. 35 (29. August 1943).

DR 43/42: Wickenburg, Erik Graf, Etwas zu schreiben. In: „Das Reich" Nr. 42 (17. Oktober 1943).

DR 43/43: Linfert, Carl, Sprechen und Tun. In: „Das Reich" Nr. 43 (24. Oktober 1943).

DR 44/1: Korn, Karl, Stil als Serienfabrikat. In: „Das Reich" Nr. 1 (2. Januar 1944).

DR 44/11: Hartnacke, Wilhelm, Seele – Sprache – Geist. In: „Das Reich" Nr. 11 (12. März 1944).

DR 44/37: Wickenburg, Erik Graf, Von fremden Worten. In: „Das Reich" Nr. 37 (10. September 1944).

DR 44/49: o.V., Hüter unserer Sprache. Zur Arbeit der deutschen Akademie. In: „Das Reich" Nr. 49 (3. Dezember 1944).

DR 45/9: o.V., Mundartenforschung in den Niederlanden. In: „Das Reich" Nr. 9 (4. März 1945).

DR 45/10: Schöll, Hans Christoph, ‚Ort' bedeutet ‚Ende'. In: „Das Reich" Nr. 10 (11. März 1945).

DR 45/15: o.V., Mediatisierte Sprache. In: „Das Reich" Nr. 15 (15. April 1945).

## Quellen

Arntz, Helmut 1937. Rasse, Sprache, Kultur und ihre Beziehungen zum Volkstum, in: *Zeitschrift für deutsche Bildung* 13, S. 265-207.

Bücheler, Walther 1939. Vorlesen im Deutschunterricht, in: *Die Deutsche Höhere Schule* 6, S. 289-301.

Dunger, Hermann 1910. *Die Deutsche Sprachbewegung und der Allgemeine Deutsche Sprachverein 1885-1910. Festschrift zur Fünfundzwanzigjahrfeier des Allgemeinen Deutschen Sprachvereins*, Berlin.

Dunger, Hermann 1922. *Zur Schärfung des Sprachgefühls*, 6. Auflage, Berlin.

Engel, Eduard 1917. *Sprich Deutsch! Zum Hilfsdienst am Vaterland*, Leipzig.

Engel, Eduard 1918. *Entwelschung. Verdeutschungswörterbuch*, Leipzig.

Hitler, Adolf 1924. *Mein Kampf*, http://abbc.com/berlin/kampf.htm [Stand: April 2001]

Heintze, Albert 1894. *Gut Deutsch. Eine Anleitung zur Vermeidung der häufigsten Verstöße gegen den guten Sprachgebrauch und ein Ratgeber in Fällen schwankender Ausdrucksweise*, 4. Auflage, Berlin.

Humboldt, Wilhelm von 1985. *Über die Sprache. Ausgewählte Schriften*, München.

Klemperer, Victor 1975. *LTI*, Leipzig.

Korn, Karl 1958. *Sprache in der verwalteten Welt*, Frankfurt am Main.

Pechau, Manfred 1935. *Nationalsozialismus und deutsche Sprache*, Diss., Greifswald.

Reifferscheidt, Friedrich M. 1939. *Über die Sprache*, Leipzig.

Reifferscheidt, Friedrich M. 1947. *Victor Gollancz' Ruf: Rettet Europa!* München.

Riegel, Herman 1883. *Ein Hauptstück von unserer Muttersprache – Mahnruf an alle national gesinnten Deutschen*, Leipzig.

Riegel, Herman 1885. *Der Allgemeine Deutsche Sprachverein*, Heilbronn.

Riegel, Herman 1886. Der allgemeine deutsche Sprachverein, in: *Zeitschrift des allgemeinen deutschen Sprachvereins* 1, Sp. 1-4.

Schleicher, August 1860. *Die deutsche Sprache*, Stuttgart.

Sternberger, Dolf/Storz, Gerhard/Süskind, W.E. 1957. *Aus dem Wörterbuch des Unmenschen*, Hamburg.

Thierfelder, Franz 1941. *Sprachpolitik und Rundfunk*, Berlin.

Wustmann, Gustav 1891. *Allerhand Sprachdummheiten*, Leipzig.

Wustmann, Gustav 1903. *Allerhand Sprachdummheiten*, 3. Auflage, Leipzig.

## Darstellungen

Ahlzweig, Claus 1989. Die deutsche Nation und ihre Muttersprache, in: Konrad Ehlich (Hrsg.), *Sprache im Faschismus*, Frankfurt am Main, S. 35-57.

Ahlzweig, Claus 1994. *Muttersprache-Vaterland. Die deutsche Nation und ihre Sprache*, Opladen.

Barbour, Stephen 1993. ‚Uns knüpft der Sprache heilig Band.' Reflection on the Role of Language in German Nationalism, Past and Present, in: John L. Flood u. a., *‚Das unsichtbare Band der Sprache.' Studies in German Lan-*

*guage and Linguistic History in Memory of Leslie Seiffert*, Stuttgart, S. 313-332.

Bauer, Gerhard 1990. *Sprache und Sprachlosigkeit im "Dritten Reich"*, 2. Auflage, Köln.

Bein, Alexander 1965. „Der jüdische Parasit". Bemerkungen zur Semantik der Judenfrage, in: *Vierteljahreshefte für Zeitgeschichte* 13, S. 121-149.

Bering, Dietz 1991. Sprache und Antisemitismus im 19. Jahrhundert, in: Rainer Wimmer (Hrsg.), *Das 19. Jahrhundert. Sprachgeschichtliche Wurzeln des heutigen Deutsch*, Berlin/New York, S. 325-354.

Bering, Dietz 1998. Jews and the German language. The Concept of *Kulturnation* and Anti-Semitic Propaganda, in: Norbert Finzsch/Dietmar Schirmer (Hrsg.), *Identity and Intolerance. Nationalism, Racism, and Xenophobia in Germany and the United States*, Cambridge, S. 251-291.

Bering, Dietz 1999. Juden und Deutsche. Ein "cultural pair"? Argumente gegen Daniel Goldhagen, in: Frank Fürbeth e.a. (Hrsg.), *Zur Geschichte und Problematik der Nationalphilologien in Europa. 150 Jahre Erste Germanistenversammlung in Frankfurt am Main (1846-1996)*, Tübingen, S. 313-326.

Bernsmeier, Helmut 1977. Der Allgemeine Deutsche Sprachverein in seiner Gründungsphase, in: *Muttersprache* 87, S. 369-95.

Bernsmeier, Helmut 1980. Der Allgemeine Deutsche Sprachverein in der Zeit von 1912-32, in: *Muttersprache* 90, S. 117-140.

Bernsmeier, Helmut 1983. Der Deutsche Sprachverein im „Dritten Reich", in: *Muttersprache* 93, S. 31-58.

Boveri, Margret 1965. *Wir lügen alle. Eine Hauptstadtzeitung unter Hitler*, Olten/Freiburg.

Brunner, Otto/Conze, Werner/Koselleck, Reinhart 1972. *Geschichtliche Grundbegriffe. Historisches Lexikon zur politisch-sozialen Sprache in Deutschland*, Stuttgart.

Busse, Dietrich/Teubert, Wolfgang 1994. Ist Diskurs ein sprachwissenschaftliches Objekt? Zur Methodenfrage der historischen Semantik, in: Dietrich Busse/Wolfgang Teubert/Fritz Hermanns (Hrsg.), *Begriffsgeschichte und Diskursgeschichte. Methodenfragen und Forschungsergebnisse der historischen Semantik*, Opladen, S. 10-28.

Cherubim, Dieter 1998. Sprachgeschichte im Zeichen der linguistischen Pragmatik, in: Werner Besch u. a. (Hrsg.), *Sprachgeschichte. Ein Handbuch zur Geschichte der deutschen Sprache und ihrer Erforschung*, 2. Auflage, 1. Band, Berlin/New York, S. 538-551.

Coulmas, Florian 1985. *Sprache und Staat. Studien zur Sprachplanung und Sprachpolitik,* Berlin/New York.

Coulmas, Florian 1995. Muttersprache – auf Gedeih und Verderb? In: *Merkur* 49, S. 120-130.

Dahle, Wendula 1969. *Der Einsatz einer Wissenschaft. Eine sprachinhaltliche Analyse militärischer Terminologie in der Germanistik 1933-1945,* Bonn.

Dann, Otto 1993. *Nation und Nationalismus in Deutschland 1770-1990,* München.

Di Cesare, Donatella 1996. Wilhelm von Humboldt (1767-1835), in: Tilman Borsche (Hrsg.), *Klassiker der Sprachphilosophie. Von Platon bis Noam Chomsky,* München, S. 275-289.

Dörner, Andreas 1996. *Politischer Mythos und symbolische Politik. Der Hermannmythos: zur Entstehung des Nationalbewußtseins der Deutschen,* Reinbek.

Edelman, Murray 1976. *Politik als Ritual. Die symbolische Funktion staatlicher Institutionen und politischen Handelns,* Franfurt am Main/New York

Ehlich, Konrad 1989. Über den Faschismus sprechen – Analyse und Diskurs, in: ders. (Hrsg.), *Sprache im Faschismus,* Frankfurt am Main, S. 7-34.

Ehlich, Konrad 1998. „..., LTI, LQI, ...". Von der Unschuld der Sprache und der Schuld der Sprechenden, in: Heidrun Kämper/Hartmut Schmidt (Hrsg.), *Das 20. Jahrhundert. Sprachgeschichte – Zeitgeschichte,* Berlin/New York, S. 275-303.

Eibl, Karl 1985. Sprachkultur im 18. Jahrhundert. Über die Erzeugung von Gesellschaft durch Literatur, in: Rainer Wimmer (Hrsg.), *Sprachkultur,* Düsseldorf, S. 108-124.

Engelhardt, Ulrich 1989. Das deutsche Bildungsbürgertum im Jahrhundert der Nationalsprachenbildung, in: Dieter Cherubim, Klaus J. Mattheier (Hrsg.), *Voraussetzungen und Grundlagen der Gegenwartssprache. Sprach- und sozialgeschichtliche Untersuchungen zum 19. Jahrhundert,* Berlin/New York, S. 57-72.

Falter, Jürgen W. 1998. Wahlen und Wählerverhalten unter besonderer Berücksichtigung der NSDAP nach 1928, in: Karl Dietrich Bracher u.a. (Hrsg.), *Die Weimarer Republik 1918 – 1933. Politik – Wirtschaft – Gesellschaft,* Bonn, S. 484-504.

Frank, Horst Jochim 1973. *Geschichte des Deutschunterrichts. Von den Anfängen bis 1945,* München.

Gaier, Ulrich 1996. Johann Gottfried Herder (1744-1803), in: Tilman Borsche (Hrsg.), *Klassiker der Sprachphilosophie. Von Platon bis Noam Chomsky*, München, S. 215-231.

Gellately, Robert 1993. *Die Gestapo und die deutsche Gesellschaft. Die Durchsetzung der Rassenpolitik 1933-1945*, Paderborn.

Gessinger, Joachim 1980. *Sprache und Bürgertum. Zur Sozialgeschichte sprachlicher Verkehrsformen im Deutschland des 18. Jahrhunderts*, Stuttgart.

Giesen, Bernhard/Junge, Kay 1991. Vom Patriotismus zum Nationalismus. Zur Evolution der „Deutschen Kulturnation", in: Bernhard Giesen (Hrsg.), *Nationale und kulturelle Identität. Studien zur Entwicklung des kollektiven Bewußtseins in der Neuzeit*, Frankfurt am Main, S. 255-303.

Görtemaker, Manfred 1983. *Deutschland im 19. Jahrhundert. Entwicklungslinien*, Bonn.

Greiffenhagen, Martin (Hrsg.) 1980. *Kampf um Wörter. Politische Begriffe im Meinungsstreit*, München/Wien.

Greiffenhagen, Martin 1998. *Politische Legitimität in Deutschland*, Bonn.

Habermas, Jürgen (Hrsg.) 1979. *Stichworte zur „Geistigen Situation der Zeit"*, Bd. 1, Frankfurt am Main.

Habermas, Jürgen 1999. Was ist ein Volk? In: Frank Fürbeth e.a. (Hrsg.), *Zur Geschichte und Problematik der Nationalphilologien in Europa. 150 Jahre Erste Germanistenversammlung in Frankfurt am Main (1846-1996)*, Tübingen, S. 23-39.

Heeschen, Volker 1972. *Die Sprachphilosophie Wilhelm von Humboldts*, Phil. Diss., Bochum.

Heinemann, Wolfgang/Viehweger, Dieter 1991. *Textlinguistik*, Tübingen.

Heinzle, Joachim/Waldschmidt, Anneliese (Hrsg.) 1991. *Die Nibelungen – Ein deutscher Wahn, ein deutscher Alptraum. Studien und Dokumente zur Rezeption des Nibelungenstoffs im 19. und 20. Jahrhundert*, Frankfurt am Main.

Heringer, Hans Jürgen 1982. Sprachkritik – die Fortsetzung der Politik mit besseren Mitteln, in: ders. (Hrsg.), *Holzfeuer im hölzernen Ofen. Aufsätze zur politischen Sprachkritik*, Tübingen, S. 3-34.

Hermanns, Fritz 1995. Sprachgeschichte als Mentalitätsgeschichte. Überlegungen zu Sinn und Form und Gegenstand historischer Semantik, in: Andreas Gardt, Klaus J. Mattheier, Oskar Reichmann (Hrsg.), *Sprachgeschichte des Neuhochdeutschen. Gegenstände, Methoden, Theorien*, Tübingen, S. 69-102.

Kaltenbrunner, Gerd-Klaus (Hrsg.) 1975. *Sprache und Herrschaft. Die umfunktionierten Wörter*, München.

Kaschuba, Wolfgang 1988. Deutsche Bürgerlichkeit nach 1800. Kultur als symbolische Praxis, in: Jürgen Kocka (Hrsg.), *Bürgertum im 19. Jahrhundert. Deutschland im europäischen Vergleich*, 3. Bd., München, S. 9-44.

Keller, Albert 1989. *Sprachphilosophie*, 2. Auflage, Freiburg/München.

Kessemeier, Carin 1967. *Der Leitartikler Goebbels in den NS-Organen „Der Angriff" und „Das Reich"*, Münster.

Kirkness, Alan 1975. *Zur Sprachreinigung im Deutschen 1789-1871. Eine historische Dokumentation*, 2 Bde, Tübingen.

Kirkness, Alan 1998. Das Phänomen des Purismus in der Geschichte des Deutschen, in: Werner Besch u. a. (Hrsg.), *Sprachgeschichte. Ein Handbuch zur Geschichte der deutschen Sprache und ihrer Erforschung*, 2. Auflage, 1. Band, Berlin/New York, S. 407-416.

Klein, Josef (Hrsg.) 1989. *Politische Semantik. Bedeutungsanalytische und sprachkritische Beiträge zur politischen Sprachverwendung*, Opladen.

Kolb, Eberhard 1993. *Die Weimarer Republik*, 3. Auflage, München.

Kopperschmidt, Josef 1991. Soll man um Worte streiten? Historische und systematische Anmerkungen zur politischen Sprache, in: Frank Liedtke e.a. (Hrsg.), *Begriffe besetzen. Strategien des Sprachgebrauchs in der Politik*, Opladen, S. 70-89.

Koselleck, Reinhart 1978. Begriffsgeschichte und Sozialgeschichte, in: ders. (Hrsg.), *Historische Semantik und Begriffsgeschichte*, Stuttgart, S. 19-36.

Koselleck, Reinhart 1989. *Vergangene Zukunft*, Frankfurt am Main.

Kreuzberger, Hans 1950. *Die deutsche Wochenschrift 'Das Reich'. Ein Beitrag zum Versuch der Deutung der Propagandapolitik Goebbels im Zweiten Weltkriege*, Diss. masch., Wien.

Kutschera, Franz von 1993. *Sprachphilosophie*, 2. Auflage, München.

Lasswell, Harold D. 1968. *Language of Politics*, Cambridge.

Lepsius, M. Rainer 1987. Zur Soziologie des Bürgertums und der Bürgerlichkeit, in: Jürgen Kocka (Hrsg.), *Bürger und Bürgerlichkeit im 19. Jahrhundert*, Göttingen, S. 79-100.

Liedtke, Frank e.a. (Hrsg.) 1991. *Begriffe besetzen. Strategien des Sprachgebrauchs in der Politik*, Opladen.

Linke, Angelika 1991. Zum Sprachgebrauch des Bürgertums im 19. Jahrhundert. Überlegungen zur kultursemiotischen Funktion des Sprachverhaltens, in: Rainer Wimmer (Hrsg.), *Das 19. Jahrhundert. Sprachgeschichtliche Wurzeln des heutigen Deutsch*, Berlin/New York, S. 250-282.

Linke, Angelika 1995. Zur Rekonstruierbarkeit sprachlicher Vergangenheit. Auf der Suche nach der bürgerlichen Sprachkultur im 19. Jahrhundert, in: Andreas Gardt, Klaus J. Mattheier, Oskar Reichmann (Hrsg.), *Sprachgeschichte des Neuhochdeutschen. Gegenstände, Methoden, Theorien*, Tübingen, S. 369-398.

Linke, Angelika 1996. *Sprachkultur und Bürgertum. Zur Mentalitätsgeschichte des 19. Jahrhunderts*, Stuttgart/Weimar.

Linke, Angelika 1998. Sprache, Gesellschaft und Geschichte. Überlegungen zur symbolischen Funktion kommunikativer Praktiken der Distanz, in: *Germanistische Linguistik* 26, S. 135-154.

Martens, Erika 1972. *Zum Beispiel 'Das Reich'. Zur Phänomenologie der Presse im totalitären Regime*, Köln.

Mattheier, Klaus J. 1991. Standardsprache als Sozialsymbol. Über kommunikative Folgen gesellschaftlichen Wandels, in: Rainer Wimmer (Hrsg.), *Das 19. Jahrhundert. Sprachgeschichtliche Wurzeln des heutigen Deutsch*, Berlin/New York, S. 41-73.

Müller, Hans Dieter (Hrsg.) 1964. *Facsimile Querschnitt durch Das Reich*, München/Bern/Wien.

Nipperdey, Thomas 1994. *Deutsche Geschichte 1800-1866. Bürgerwelt und starker Staat*, München.

Pieper, Ingrid 1973. Das Reich, in: Heinz Dietrich Fischer (Hrsg.), *Deutsche Zeitschriften des 17. bis 20. Jahrhunderts*, Pullach bei München, S. 421-430.

Polenz, Peter von 1966. Sprachpurismus und Nationalsozialismus. Die ‚Fremdwort'-Frage gestern und heute, in: Benno von Wiese, Rudolf Henß (Hrsg.), *Nationalsozialismus in Germanistik und Dichtung. Dokumentation des Germanistentages in München*, Berlin, S. 79-112.

Polenz, Peter von 1991. *Deutsche Sprachgeschichte vom Spätmittelalter bis zur Gegenwart. Einführung – Grundbegriffe – Deutsch in frühbürgerlicher Zeit*, 1. Band, Berlin/New York.

Polenz, Peter von 1994. *Deutsche Sprachgeschichte vom Spätmittelalter bis zur Gegenwart. 17. und 18. Jahrhundert*, 2. Band, Berlin/New York.

Polenz, Peter von 1999. *Deutsche Sprachgeschichte vom Spätmittelalter bis zur Gegenwart. 19. und 20. Jahrhundert*, 3. Band, Berlin/New York.

Prechtl, Peter 1999. *Sprachphilosophie*, Stuttgart.

Reichmann, Oskar 1978. Deutsche Nationalsprache. Eine kritische Darstellung, in: *Germanistische Linguistik* 2-5, S. 389-423.

Römer, Ruth 1985. *Sprachwissenschaft und Rassenideologie in Deutschland*, München.

Römer, Ruth 1991. Die nationalpolitische Bedeutung der Germanistik im 19. Jahrhundert: Der Indogermanenmythos als Triebkraft des deutschen Nationalismus, in: Rainer Wimmer (Hrsg.), *Das 19. Jahrhundert. Sprachgeschichtliche Wurzeln des heutigen Deutsch*, Berlin/New York, S. 291-293.

Rüschemeyer, Dietrich 1987. Bourgeoisie, Staat und Bildungsbürgertum. Idealtypische Modelle für die vergleichende Erforschung von Bürgertum und Bürgerlichkeit, in: Jürgen Kocka (Hrsg.), *Bürger und Bürgerlichkeit im 19. Jahrhundert*, Göttingen, S.101-120.

Schiewe, Jürgen, 1998. *Die Macht der Sprache. Eine Geschichte der Sprachkritik von der Antike bis zur Gegenwart*, München.

Schmitz-Berning, Cornelia 1998. *Vokabular des Nationalsozialismus*, Berlin/New York.

Schümer, Dieter 1979. Franz Thierfelder und „Deutschunterricht im Ausland": Kontinuität und Neuorientierung seit 1932, in: Gerd Simon (Hrsg.), *Sprachwissenschaft und politisches Engagement*, Weinheim/Basel, S. 207-230.

Seidel, Eugen/Seidel-Slotty, Ingeborg 1961. *Sprachwandel im Dritten Reich*, Halle.

Simon, Gerd 1979. Materialien über den Widerstand in der deutschen Sprachwissenschaft des Dritten Reiches: Der Fall Georg Schmidt-Rohr, in: ders. (Hrsg.), *Sprachwissenschaft und politisches Engagement*, Weinheim/Basel, S. 153-206.

Simon, Gerd 1989. Sprachpflege im „Dritten Reich", in: Konrad Ehlich (Hrsg.), *Sprache im Faschismus*, Frankfurt am Main, S. 58-86.

Stevenson, Patrick 1993. The German Language and the Construction of National Identities, in: John L. Flood u. a., *„Das unsichtbare Band der Sprache." Studies in German Language and Linguistic History in Memory of Leslie Seiffert*, Stuttgart, S. 333-356.

Straßner, Erich 1987. *Ideologie – SPRACHE – Politik. Grundfragen ihres Zusammenhangs*, Tübingen.

Török, Imre 1979. Die Gesellschaft für deutsche Sprache als Nachfolgeorganisation des Deutschen Sprachvereins und ihre gesellschaftliche Funktion vor allem während der Rekonstruktionsperiode, in: Gerd Simon (Hrsg.), *Sprachwissenschaft und politisches Engagement*, Weinheim/Basel, S. 231-272.

Voigt, Gerhard 1974. Bericht vom Ende der ‚Sprache des Nationalsozialismus', in: *Diskussion Deutsch* 5, S. 445-464.

Volmert, Johannes 1989. Politische Rhetorik des Nationalsozialismus, in: Konrad Ehlich (Hrsg.), *Sprache im Faschismus*, Frankfurt am Main, S. 137-161.

Winckler, Lutz 1970. *Studie zur gesellschaftlichen Funktion faschistischer Sprache*, Frankfurt am Main.